MICHAEL FUCHS-GAMBÖCK
JÖRG-PETER KLOTZ

Xavier Naidoo

W0094472

Buch

Ob man Xavier Naidoo als Soul-Poeten, Visionär, Autonarr oder Wanderprediger, bezeichnen möchte, muss jeder für sich entscheiden. Fakt ist jedoch, dass Xavier Naidoo derzeit Deutschlands erfolgreichster Popmusiker ist. 1997 startete er seine Karriere als Background-Sänger der deutschen Rapperin Sabrina Setlur und eroberte schon bald auch solo die Spitzenplätze der Charts. Mit Songs wie »Nicht von dieser Welt« und »Sie sieht mich nicht« sang er sich in die Herzen seiner ständig wachsenden Fangemeinde und in die deutschen Musikcharts. Seine erste CD »Nicht von dieser Welt« verkaufte sich über eine Million Mal und stand auf Platz eins der deutschen Albumcharts. Doch der große Erfolg und die vielen Auszeichnungen bringen den Sänger nicht von seinem Weg ab. Zielstrebig bestimmt Xavier Naidoo seine Karriere. Neben zahlreichen höchst erfolgreichen Duetten mit Kollegen, engagiert er sich bei Benefizkonzerten wie »Rock gegen rechte Gewalt«, bringt ein neues Doppelalbum heraus und tritt mit seiner Band Söhne Mannheims auf. Xavier Naidoo ist trotz seiner rasanten Karriere ein Sohn seiner Stadt geblieben: Mannheims Sohn!

Autoren

Michael Fuchs-Gamböck, Jahrgang 1965, ist Musikjournalist, arbeitet regelmäßig für *Musik Express, Focus* und *Marie-Claire* und war Ressort-Leiter »Musik« bei der bekannten Zeitschrift *Wiener*. Dies ist sein siebtes Buch.

Jörg-Peter Klotz, Jahrgang 1966, ist Musikjournalist und arbeitet als Redakteur bei der Tageszeitung *Mannheimer Morgen*. Als freier Mitarbeiter schreibt er regelmäßig für das renommierte Musikmagazin *Rolling Stone*. Jörg-Peter Klotz steht seit Jahren im engen journalistischen Kontakt mit Xavier Naidoo.

Michael Fuchs-Gamböck
Jörg-Peter Klotz

Xavier Naidoo
Seine Wege

GOLDMANN

Originalausgabe

Umwelthinweis:
Alle bedruckten Materialien dieses Taschenbuches
sind chlorfrei und umweltschonend.

Originalausgabe Mai 2002
Copyright © 2002 by Wilhelm Goldmann Verlag, München,
in der Verlagsgruppe Random House GmbH
Umschlaggestaltung: Design Team München
Umschlagfoto: © Naidoo Records
Fotograf: Heiko Richard
Satz: DTP im Verlag
Druck: Elsnerdruck, Berlin
Verlagsnummer: 45317
AN · Herstellung: Sebastian Strohmaier
Made in Germany
ISBN 3-442-45317-8
www.goldmann-verlag.de

3 5 7 9 10 8 6 4 2

Inhalt

Vorbemerkung   7

1. Die vielen Facetten des Xavier Naidoo   9

2. Xavier Naidoos Familie 19

3. Vom Kind zum Zivildienstleistenden 28

4. Musikalische Lehrjahre und ein Ausflug in die USA . . . 39

5. Jahre zwischen Glaube, Musical und
   Businesskontakten 44

6. Der Start von Xavier Naidoos Karriere mit »Freisein«:
   Das legendäre Duett mit Sabrina Setlur 56

7. Die Hessen-Rap-Connection – Moses Pelham
   ist der Mann hinter Xavier 60

8. Xavier Naidoo: Die Entstehungsgeschichte
   meines ersten Albums »Nicht von dieser Welt« 66

9. Der lange Weg an die Spitze – vom belächelten
   Außenseiter zum charismatischen Superstar 72

10. Live On Stage:
    Der moderne Prediger des Deutsch-Soul 77

11. Mannheim das neue Jerusalem:
    Der Star und seine Stadt 84

12. Fahren und Fasten – Xavier Naidoos Wege
    zur Gottesfurcht 100

13. Rückzug ins Kollektiv:
    Die Erfolgsgeschichte der Söhne Mannheims 114

14. Die Söhne Mannheims live zwischen Soul
    und Hardcore-Sound 132

15. »Wir sehen uns vor Gericht« – der Bruch
    mit Moses Pelham 141

16. »Lungen aus Stahl«: Xavier Naidoo schrammt
    haarscharf am Gefängnis vorbei 160

17. Musikalische Wahlverwandtschaften
    von Aki bis Zanki 172

18. Xavier wieder solo: Ein Doppelalbum
    erobert die Charts 192

19. Die Videos – Bildsprache eines deutschen
    Rap-Predigers 204

20. Wohin führen »Seine Wege«? Ein Ausblick 211

Discographie 215
Danksagung 218

Vorbemerkung

Xavier Naidoo ist gerade dreißig geworden. Ziemlich früh für eine Biografie, könnte man meinen. Aber die Persönlichkeit des charismatischen Chefs der Söhne Mannheims, seine enormen Erfolge und der einzigartige Verlauf seiner Karriere füllen schon jetzt spielend leicht die Seiten. Das erste Buch über Xavier Naidoo schöpft sein Material nicht nur aus Archiven, sondern basiert vor allem auf mehreren exklusiven Interviews, die Michael Fuchs-Gamböck und Jörg-Peter Klotz mit dem Künstler sowie seinem Kompagnon Michael Herberger im Dezember 2001 und Januar 2002 geführt haben. Außerdem stand für dieses Buch auch das – teilweise unveröffentlichte – Material zur Verfügung, das Jörg-Peter Klotz als einer der Musikspezialisten des *Mannheimer Morgen* seit 1997 zusammengetragen hat.

Wir hätten für dieses Buch gerne Moses Pelham oder Thomas Hofmann von 3p die Gelegenheit gegeben, etwas zur Karriere ihrer größten Entdeckung zu sagen – und Stellung zu dem juristischen Konflikt mit Xavier Naidoo und den Söhnen Mannheims zu nehmen. Weder die Rödelheimer Firmenchefs noch ihre Anwälte nahmen die mehrfachen Angebote zu Gesprächen wahr. Wenn Xavier-Naidoo-Fans im Bildteil dieses Buches die offiziellen Promotion-Fotos aus der 3p-Ära vermissen, liegt das daran, dass Pelham Power Productions dem Verlag keine Abdruckgenehmigung erteilte. »Aufgrund der verschiedentlich bestehenden Rechtsstreitigkeiten zwischen uns, Xavier Naidoo und anderen, ist es uns derzeit nicht möglich, der ihrerseits erbetenen Anfrage zu entsprechen«, war das letzte Wort der Rödelheimer Rap-Firma beziehungsweise ihres Mitarbeiters Andreas Walter zu diesem Thema.

1.
Die vielen Facetten des Xavier Naidoo

»Er kann gut singen, gut tanzen und sieht gut aus.« So begründen Fans – vor allem weibliche –, warum sie einen Backstreet Boy, Westlife-Schönling, dieses oder jenes 'NSYNC-Goldkehlchen toll finden. All das trifft auch auf einen der Top-Stars der deutschen Popszene zu: Xavier Naidoo. Doch sein märchenhafter Karrieresprung vom Disco-Türsteher zum Plattenmillionär lässt sich nicht nur mit Äußerlichkeiten erklären: Da ist zum einen seine einzigartige Stimme. Warm, weich, dunkel und eindringlich. »Er hat der deutschen Sprache das Tanzen beigebracht«, schrieb der *Rolling Stone* einmal. Doch auch was er singt, entspricht nicht der Norm: Liebeslieder, die sich bei genauerem Hinhören als Gebete entpuppen, gab es vor Xavier Naidoos Debütalbum »Nicht von dieser Welt« hier zu Lande noch nie. Wer richtig hinsah, konnte schon bei seinem XP-Markenzeichen die religiöse Symbolik entdecken: Xaviers 3p-Produkte zierte eine stilisierte Version des PAX-Zeichens, in dem ein P (wie Pelham) wie eine Nadel durch ein X (wie Xavier) sticht. Pax heißt auf Latein »Frieden«, im christlichen Kontext sind aber die griechischen Buchstaben gemeint: Dort steht das XP für CHR, eine Abkürzung für Christus. Das neue Xavier-Naidoo-Logo ist jedoch weniger symbolträchtig: Es integriert das X seines Vornamens einfach in eine Art Davidsstern. Die Tageszeitung *Die Welt* staunte über diesen neuen Typus des Popstars: »Nachdem beschlossen war, die Jugend sei ironisch, selbstverliebt, nicht mehr empfänglich für Moral, Verantwortung und die Probleme vor der Tür, steht jetzt ein Typ im Licht, der wirkt wie eine Parodie. Nicht sehr humorvoll und zum Pathos neigend. Wie ein nachmoderner Wanderprediger kommt er daher, empfiehlt Moral, Verantwortung und Gottesfurcht. Und wenn es eines gibt, von dem er lieber spricht, dann ist das Mannheim, seine Stadt.« Die *Süddeutsche Zeitung* sah es ähnlich: »Mit seinem Betbruder-Image setzte er sich mutig über alle Musiktrends hinweg, die als szenig und cool gelten – und wurde so zum erfolgreichsten Sänger Deutschlands.«

Doch auch das Auftreten des jungen Mannheimers war von Anfang an ganz anders, als man es von aufstrebenden Popsternchen mit einer einzigen veröffentlichten Platte sonst so kennt: Viele legten ihm sein demonstratives Selbstbewusstsein als Arroganz aus, was sein Image bis heute prägt. Tatsächlich tritt Xavier Naidoo manchmal nicht nur selbstbewusst, sondern eher selbstgewiss auf – schon als absoluter Newcomer war er sich sicher, bald in einer Liga mit Herbert Grönemeyer und Co. zu spielen. So viel Selbstsicherheit wirkt entweder überzeugend –

oder hochtrabend. Dementsprechend spaltete der Mannheimer die Öffentlichkeit in Anhänger und Kritiker, die kübelweise Häme über ihm ausschütteten. Die einen empfinden auch seinen emotionalen Gesangsstil als »unerträgliches Gejammer« (ein Schicksal, das Xavier mit Größen wie Prince oder Edo Zanki teilt), die anderen finden ihn unwiderstehlich. Dazwischen stehen Leute, die lernten, seine Musik zu lieben, aber mit seinen Inhalten zu kämpfen haben. Dass eigentlich alle, die den politisch und sozial sehr engagierten Xavier Naidoo persönlich kennen gelernt haben, ihn als extrem bescheiden, zurückhaltend, bodenständig und sogar ziemlich witzig beschreiben, ist ein weiterer von vielen Widersprüchen, die seine Faszination ausmachen.

Ein anderer Widerspruch besteht darin, dass das Schwache Geschlecht reihenweise noch schwächer wird, wenn es den brillanten Sänger zu sehen bekommt. Dabei verbreitet das – fest vergebene – Ex-Model ganz bewusst das Image eines wohlerzogenen Schwiegersohns ohne jede Anzüglichkeit. Abgesehen von seinem Drogen- und Führerscheinprozess machte der Mannheimer nur ein einziges Mal Boulevard-Schlagzeilen – als ihm die *Bild-Zeitung* eine Affäre mit Barbara Becker andichtete. Das passte dem Blatt aus Hamburg umso schöner ins Konzept, als damals das zweite 3p-Platin- und Goldstück Sabrina Setlur mit Boris Becker heftig das *Freisein* übte. Doch in Mannheim löste diese Schlagzeile nur Kopfschütteln aus. Schließlich ist Xavier inzwischen seit gut neun Jahren in festen Händen und alles andere als wechselhaft in seinen Frauenbeziehungen. »Ich hab noch nie kurze Beziehungen gehabt. Als ich Steffi kennen lernte, war ich gerade ein Vierteljahr von einer langjährigen Freundin getrennt und wieder bereit. Ich guck mir einfach eine Frau für die Ewigkeit aus.« Groupies haben bei ihm nicht den Hauch einer Chance. »Da hab ich mich immer sehr dagegen gewehrt, weil ich mir denke, dass ich damit komplett meine Position missbrauchen würde. Das ist auch viel zu leicht. Es hat auch immer große Streitigkeiten bei den Söhnen Mannheims gegeben, wenn der Backstage-Bereich plötzlich voller Frauen war, die ich oder die meisten von uns nicht kannten. Das war dann einfach nicht tragbar«, sagte er uns Anfang Dezember 2001.

Welche Wirkung Xavier und seine Musik auf viele Fans haben, lässt sich so zusammenfassen: Seine Stimme berührt tief in ihnen etwas, das sie oft längst vergessen haben. Die Texte sorgen dafür, dass Gott auf einmal wieder eine Rolle in ihrem Leben spielt, und sei es nur, dass sie sich klar zu machen versuchen, welche Rolle das ist. Oft sprechen sie davon, dass Xaviers Musik ihr Leben verändert hat. Das ist die Quintessenz von weit über hundert Zuschriften, die uns nach einem Internet-Aufruf zugingen. Xaviers Fans sollten dabei beschreiben, welche Bedeutung ihr Star und seine Songs für sie haben und was seine Faszination ausmacht. Leider ist es unmöglich, hier alle zu Wort kommen zu lassen. Wir müssen uns auf eine repräsentative Auswahl beschränken.

Besonders eindrucksvoll beschreibt Édua aus der Schweiz, wie sie zum Fan geworden ist: »Ich hatte meine ganze Kindheit lang nur puren Rassismus erlebt und war dadurch am Boden zerstört. Ich hatte meinen Glauben an Gott ganz verloren. Ich dachte sogar an Selbstmord. Irgendwie bin ich dann auf Xaviers Songs gestoßen. Und die Message in seinen Texten und die Musik ließ mich neue Hoffnung schöpfen. Ich begann wieder an Gott und vor allem an mich selbst zu glauben. Seine Musik hat mir eine neue Tür in meinem Leben geöffnet.«

Andere wie Michelle aus Wien hatten weniger einschneidende Erlebnisse, trotzdem schätzt sie diesen »unglaublich willensstarken, konsequenten und charismatischen Menschen und Künstler sehr. Menschen wie er sind rar, seine Kraft lässt sich schwer beschreiben. Mir hat die Musik und auch die persönliche (wenn auch kurze) Begegnung mit Xavier selbst unglaublich viel Kraft gegeben und, so seltsam das klingen mag – ich bin immerhin 35 Jahre alt –, in meinem Leben sehr viel verändert.«

Claudia (19) ist sich zwar im Klaren darüber, dass Xavier nicht der Erste ist, der von der Sehnsucht nach Gott und der falschen Wirklichkeit auf Erden singt, »aber aus seinem Munde und durch seine Stimme werden alle Worte neu geboren und bekommen einen unvergleichbaren Wert«. Für sie kommen 80 Prozent der Faszination Xavier Naidoos von seinem Glauben an Gott, »denn seine Stärke, die Überlegenheit, die Sicherheit, diese Kraft müssen einfach einen tieferen Ursprung haben. Vielleicht macht es ihn aber auch zum Helden, dass er im Grunde keiner sein will. Kaum Autogramme, keine Preise annehmen, wenig Bilder in der Öffentlichkeit ... das alles überzeugt umso mehr«. Sie fühlt sich »verstanden und zu Hause in seiner Musik«, außerdem sei sie inzwischen »richtig süchtig nach der Bibel«. Ihr Fazit: »Ich glaube einfach an Xavier. Ich denke, ich bin nicht die Einzige, die in meinem Alter auf der Suche nach dem richtigen Weg ist, dass man mit der eigenen Einstellung nicht allein dasteht, dass es jemanden gibt, der vorausgeht.«

Auch Falko, ein Student aus Wuppertal, fühlt sich durch Xaviers Arbeit bestätigt: »Ich bin Christ, und wenn ich Xavier singen höre, habe ich das sichere Gefühl, dass Gott wirklich existiert.« Die Musik habe ihm – auch beim Kampf gegen eine schwere Krankheit – Zuversicht, Halt, Kraft, Glauben, Hoffnung, Mut und eine Perspektive über dieses Leben hinaus gegeben, meint der 29-Jährige – »obwohl ich nicht alle Ansichten von Xavier in Bezug auf sein Gottes-, Bibel- und Glaubensverständnis nachvollziehen kann«.

Martina (20) aus der Schweiz betont zwar, dass sie weder ein Naidoo-Groupie ist noch zu denen gehört, die ihn als Propheten anhimmeln. Trotzdem hat sie sich in »seine Stimme verliebt – eines der schönsten je gehörten Instrumente unserer Zeit, von einer solchen Klarheit und Tiefe, dass sie uns in unendliche Welten und Gedanken entführen kann, ähnlich einer Droge, doch ohne Nebenwirkungen«.

Für Cornelia (36) hat sich der Söhne-Mannheims-Titel »Komm heim« »als eine selbsterfüllende Prophezeiung« erwiesen, seit sie im Frühjahr 2000 in die Rhein-Neckar-Region gezogen ist. Für sie machen Xaviers Texte »auf unterschwellige Strömungen in unserer Gesellschaft aufmerksam und bringen sie auf den Punkt«.

Für Irina (25) aus Erbach gibt es »keine bessere Medizin, als sich auf die Couch oder ins Bett zu legen und Xaviers CD von vorne bis hinten durchzuhören, einfach die Stimme in sich aufzunehmen. Diese Musik kann man nicht mit den Ohren hören, sondern mit dem Herzen.«

Vivien (15) aus der Schweiz sieht das ähnlich: »Xaviers Musik ist nicht nur Musik. Sie enthält einfach massig viel Emotionen. Bei manchen Liedern musst du grundlos anfangen zu heulen. Entweder aus Freude oder Traurigkeit.«

Ein derartiges Spektrum von Aussagen kann wohl nur über jemanden mit so vielen Facetten wie Xavier Naidoo zustande kommen. Dass er die Rolle als Vorbild kategorisch ablehnt, hindert viele Fans nicht daran, ihn auf einen Sockel zu stellen und seine Platten wie Prophezeiungen zu hören. Sein obsessiver Glaube und die mit Bibelzitaten gespickten Texte bedienen scheinbar ein tiefes spirituelles Bedürfnis nach Sinn und Aufgehobensein, das die Kirchen offensichtlich nicht stillen können. Das kann auch bedenklich werden, vor allem wenn man Xaviers Wirkung auf der Bühne kennt, die sogar dem großen »Menschenfänger« Westernhagen in kaum etwas nachsteht.

Xavier Naidoo hat trotzdem − oder deswegen − mit

zwei Echos, dem europäischen MTV Award und Edelmetall in allen Farben alles gewonnen, was ein Popstar sich nur wünschen kann. Aber Auszeichnungen bedeuten ihm nichts. Er fasst sie nicht einmal mehr an. Und lässt sie später für wohltätige Zwecke versteigern. Ein weiblicher Fan aus Bonn ließ es sich im Dezember 2001 stolze 1975,- Euro kosten, die Triple-Gold-CD für »Nicht von dieser Welt« zu ersteigern. Naidoo hatte sie dem SWR für eine Auktion zu Gunsten der Kinder in Kabul zur Verfügung gestellt. Man möchte ihm fast etwas mehr Spaß an seiner Trophäensammlung wünschen. Schließlich spiegelt sich darin nicht nur kommerzieller Erfolg, sondern auch der Stellenwert, den er bei seinen Fans einnimmt. Seit Sabrina Setlur im Dezember 1997 ihr Charts-Debüt mit »Freisein« hatte, schaffte es Xavier Naidoo bis Ende 2001 mit sage und schreibe 16 Singles in die Top100. Am erfolgreichsten waren die Ballade »Sie sieht mich nicht« zur Asterix-Verfilmung (Platz 2), der Söhne-Mannheims-Hit »Geh davon aus« (2) und »Adriano (Letzte Warnung)« mit Brothers Keepers (5). Insgesamt brachten es seine Singles auf unglaubliche 169 Wochen in der Hitparade - in nur vier Jahren. Als er im Sommer 2001 ein Duett nach dem anderen produzierte, stand der Name Xavier Naidoo mit bis zu vier Titeln gleichzeitig auf der Liste von Media Control. »Wo willst Du hin«, die Fortsetzung seiner Solo-Karriere, belegte Ende Februar 2002 auf Anhieb Platz vier.

Doch das ist nur eine Seite der Erfolgsmedaille. Denn

Xavier Naidoo toppte schon mit »Nicht von dieser Welt« sämtliche Superlative: Mit weit über eine Million verkaufter Exemplare und 77 Wochen in den Longplay-Top100 wurde es zum erfolgreichsten deutschsprachigen Pop-Debüt aller Zeiten – selbst Westernhagen, Grönemeyer, BAP oder Pur spielten mit ihren Erstlingen nicht annähernd in dieser Liga. Als der Dauerbrenner im Januar 1999 nach 32 Wochen erstmals auf die »Pole Position« kletterte, musste Norbert Behet, der Charts-Experte des Branchenblatts *Musikwoche,* lange im Archiv wühlen, um Künstler mit ähnlichem Stehvermögen auszugraben. Er fand nur vier. Alles Superstars: Bruce Springsteen brauchte mit »Born In The USA« 1985 vierzig Wochen bis an die Spitze, genau wie Michael Jackson (»Dangerous«, 1992). Madonnas »Like A Virgin« ließ 1985 nach 39 Wochen alle Konkurrenten hinter sich, »Crazy World« von den Scorpions kletterte 1991 nach 35 Wochen auf den Thron. Das erstaunliche Stehvermögen von Xavier Naidoos Debütalbum führte die Platte insgesamt dreimal an die absolute Spitze – zuletzt Ende April 1999. Dabei war sie im Sommer 1999 relativ bescheiden auf Platz 14 eingestiegen. Doch die Hits »20 000 Meilen«, »Nicht von dieser Welt« und »Führ mich ans Licht« hielten die Nachfrage konstant hoch, bis das Werk im Laufe der ausgedehnten Tourneen des neuen Superstars zum Dauergast in den Top10 wurde (mit spektakulären 39 Wochen).

Unter dem Eindruck dieser einzigartigen Erfolgsgeschichte betrat 3p zum wiederholten Mal Neuland und veröffentlichte nach nur einem Studioalbum eine Live-Platte von Xavier Naidoo. Und obwohl »Live« zwangsläufig fast genau dieselben Songs enthielt wie »Nicht von dieser Welt«, schaffte der Silberling es bis in die Top10 und hielt sich drei Wochen unter den besten 100. Fast schon selbstverständlich, dass auch das Söhne-Mannheims-Debüt »Zion« ein Kassenschlager wurde: gut eine halbe Million verkaufte CDs, neunmal Top10, 32 Charts-Wochen. Mit diesen Zahlen im Hintergrund scheint Xavier Naidoos Wagnis, als zweites Solo-Projekt gleich ein Doppelalbum mit dreißig Tracks auf den Markt zu bringen, gar nicht mehr allzu verwegen − auch wenn es so etwas in Deutschland noch nie zuvor gegeben hat. Aber der Mannheimer ist ja inzwischen längst Experte darin, die ungeschriebenen Gesetze der Musikbranche auf den Kopf zu stellen.

2.
Xavier Naidoos Familie

Am 2. Oktober 1971 um 16.01 Uhr streckte ein kleines dunkelhäutiges Baby im Städtischen Klinikum von Mannheim seinen Kopf in die Welt. Es ist nicht überliefert, ob das Kind besonders laut gebrüllt hat bei der Entbindung. Man könnte sich jedoch vorstellen, dass es besonders melodisch geschrien hat. Schließlich ist es seine außergewöhnliche Stimme, die ihm als größtes Talent mit in die Wiege gelegt wurde.

Das dunkelhäutige Baby wird auf den Namen Xavier Kurt Naidoo getauft. Der Name Xavier geht auf den Jesuiten Francis Xavier zurück, schließlich wird er in eine äußerst religiöse Familie hineingeboren. Der zweite Vorname Kurt wird ihm nach seinem Patenonkel gegeben, der gleichzeitig auch Xaviers leiblicher Onkel ist. Und Naidoo – so exotisch der Name in Mannheim-Wallstadt auch klingen mag – ist zumindest in der südafrikanischen Heimat der Eltern Eugene und Rausammy laut Xavier »so verbreitet wie Müller oder Schmidt in Deutschland«.

Xavier Naidoos Familienstammbaum ist schillernd und multikulturell: Kurt Rath, ein reicher Jude aus Mannheim, floh während des Zweiten Weltkriegs nach Südafrika. Dort lernte er Ende der vierziger Jahre Sama, die ältere Schwester von Xaviers Vater Rausammy, kennen. Kurt und Sama heirateten und kehrten in den fünfziger Jahren nach Mannheim zurück.

Xaviers Vater wuchs in Südafrika auf, wurde mit zehn Jahren Vollwaise und lebte in einem Heim. Als junger Mann folgte er der älteren Schwester nach Mannheim. Rausammy, den jedermann in Mannheim nur Thommy nannte, »hatte aber stets, vor allem um die Weihnachtszeit«, wie sich Xavier in einem Interview erinnert, »eine diffuse Sehnsucht nach seiner Heimat Südafrika. Mein Vater wußte, dass es in London zur damaligen Zeit eine ziemlich große südafrikanische Exil-Gemeinde gab. Deshalb flog er einmal im Jahr dorthin und besuchte Verwandte und Freunde, die im englischen Exil lebten. Das stillte seinen Durst nach seinem eigentlichen Herkunftsort«.

In London lernte Thommy seine zukünftige Ehefrau und Xaviers spätere Mutter Eugene kennen. Sie war bereits 1961 von Südafrika nach London geflohen, denn sie hatte sich in ihrer Heimat gewerkschaftlich organisiert, was unter der Weißen-Diktatur damals geradezu ein Sakrileg war. Eugene, Schneiderin in einer großen Fabrik, kämpfte für soziale Gerechtigkeit und die Aufhebung der Apartheid.

»Weil meine Mutter gewerkschaftlich so engagiert war, legten Freunde ihr nahe, Südafrika zu verlassen, ehe ihr etwas Schlimmes passieren würde«, berichtet Xavier rück-blickend, »das hat sie schweren Herzens dann auch ge-tan. Gott sei Dank konnte sie irische Vorfahren namens O'Connell in ihrem Familienstammbaum nachweisen, deshalb hatte sie kein Problem damit, sowohl die Einreise nach England bewilligt zu bekommen als auch ziemlich rasch einen Job zu finden.«

Eugene arbeitete in London weiterhin in ihrem gelern-ten Beruf, unter anderem schneiderte sie Bühnenkostüme für die Beatles, Marianne Faithfull und Marty Feldman. Insgesamt zehn Jahre hat sie in London gelebt und gear-beitet, ehe sie Thommy Naidoo kennen und lieben lernte. Die beiden heirateten in London und zogen, nach einem kurzen beruflichen Zwischenspiel Thommys als Indus-trieschweißer, noch im selben Jahr – 1970 – nach Mann-heim. Dort wurde ein Jahr später Xavier geboren. Der Va-ter verdingte sich inzwischen als Schichtarbeiter in einer Fabrik, die junge Familie lebte im Mannheimer Vorort Wallstadt. Doch weder Mutter noch Vater Naidoo konn-ten Südafrika je ganz aus ihrem Herzen verbannen, es war ihre eigentliche Heimat.

Xavier selbst sieht das Geburtsland seiner Eltern bis heute lediglich als Urlaubsenklave an: »Ich war dort meis-tens in den Winterferien«, sagte er versonnen, »denn dann war es in Deutschland kalt und in Südafrika warm. Ich bin schließlich ein Typ, der es lieber heiß statt eisig mag. We-nigstens das haben meine Eltern mir vererbt.«

An Vater Rausammy erinnert Xavier sich als einen

»eher verschlossenen Charakter, aber immerhin, wir haben gemeinsam Fußball gespielt oder Fernsehen geguckt, das hat uns verbunden. Auch unsere Liebe zur Musik war eine Gemeinsamkeit, mein Vater hat viel und gerne gesungen, er liebte Big Bands wie die von James Last oder auch die Bee Gees. Und mein Dad hat mich schon 3-jährig einmal die Woche zu den Proben im Männergesangsverein mitgezogen. Das waren für mich als Steppke aufregende Abende. Ich habe mir die Seele aus dem Leib gesungen«.

»Weil mein Vater Schicht in einer Fabrik gearbeitet hat, mussten wir zu Hause immer sehr leise sein, damit er schlafen konnte«, vertraute er dem Magazin *Der Spiegel* 1999 an. Außerdem waren »mein Vater wie meine Mutter überangepasst wie alle Ausländer: So musste ich jedes Behördenschreiben für sie auf der Stelle bearbeiten«.

In den achtziger Jahren wurde bei Thommy Naidoo eine schwere Zuckerkrankheit diagnostiziert. Insgesamt drei Jahre lang musste er eine schmerzvolle Dialyse über sich ergehen lassen, ehe er im Herbst 1992 seiner Krankheit erlag. Von den letzten Tagen seines Vaters auf Erden erzählte Xavier in beeindruckender Weise am 11.6.2001 in der ARD-Late-Night-Talkshow »Beckmann«. Moderator Beckmann wollte von Naidoo wissen, ob er seinen Vater während dessen schwerer Krankheit in irgendeiner Form begleitet hätte. »Ja«, antwortete Xavier mit leiser Stimme. »Mein Vater musste an die Dialyse, da habe ich ihn auch fast jeden Tag mit meiner Mutter hingebracht.

Ich habe gesehen, wie er immer mehr abbaute. In dieser Zeit habe ich eine Beziehung zu ihm aufgebaut, die ich vorher nicht hatte. Was ich damals erfahren habe, dass Zuckerkranke immer sehr aufbrausend sind, darunter habe ich stark gelitten. Mein Vater hat immer schnell geschrien. Das habe ich erst langsam verstanden und konnte ihm dann vergeben.«

Reinhold Beckmann hakte nach und wollte von Xavier erfahren, wie er die Entscheidung des Vaters, eines Tages nicht mehr zur Dialyse zu gehen, angenommen hatte. »Ich hätte nicht gedacht, dass er das macht«, erwiderte Xavier. »Ich hatte viel Respekt vor ihm. Und ich hatte gehört, dass er nur noch drei Tage zu leben hätte, es hat dann aber doch noch zehn Tage gedauert, ehe er gestorben ist. Trotzdem habe ich respektiert, dass er nicht mehr ins Krankenhaus gehen wollte. Die letzten Tage lag mein Vater im Bett und ist nur hin und wieder taumelnd durch die Wohnung gelaufen. Er konnte nicht mehr sprechen, die Zunge war angeschwollen, er hat auch nichts mehr gesehen. Wenn ein Mensch stirbt, bekommt er meistens zwei Tage davor einen Schluckauf, mein Vater hatte das auch. Diesen Schluckauf hörte man in der ganzen Wohnung, so laut war der. Meine Mutter hat neben ihm geschlafen, sie konnte nicht mehr. Und ich habe zu ihr gesagt: ›Leg du dich ins Wohnzimmer, ich lege mich neben ihn.‹ Ich habe ihn dann im Arm gehalten und die ganze Nacht gesungen, ich habe alle Lieder ausgegraben, die ich kannte. Das war so was wie Abschied nehmen. Jetzt kann ich auch über meinen Vater sprechen. Ich habe dabei kein komisches Gefühl.«

»Am meisten schätze ich an meinem Vater«, erinnerte sich Xavier während eines Interviews in den späten neunziger Jahren, »dass ich durch ihn zur Musik gekommen bin. Meine Mutter war und ist zwar eine begeisterte Gospelsängerin. Allerdings hat mein Vater mich zunächst zum Männergesangsverein mitgenommen, damit gab er mir die Initialzündung fürs Singen. Erst ein paar Jahre später schleifte mich meine Mum zum Gospel-Chor mit. Doch Dad war der Auslöser für diese Begeisterung.«

Trotz dieser frühkindlichen Prägung für die Musik durch den Papa war Mama Eugene sicher die wichtigere Bezugsperson. Xavier beschreibt in einem Interview mit der Illustrierten *Max* seine Mutter als eine »Frau, von der ich mit Liebe streng erzogen wurde. Das war ein Segen für mich«. Und er fügte hinzu: »Ich bin mit Schlägen aufgewachsen, aber wie das so ist: In jedem Kind kommt der kleine Drecksack durch. Den hat meine Mutter aus mir rausgeprügelt, doch dabei hat sie geweint und sich anschließend mit mir hingesetzt und über das geredet, was ich falsch gemacht habe. Ansonsten war bei uns nicht die Kohle da, um alles zu kaufen, was ich haben wollte.«

Das wichtigste Bindeglied im Hause Naidoo war die Musik. »Ich habe schon mit zwei oder drei Jahren ständig Beats im Kopf gehabt, hatte ständig etwas zwischen den Fingern zum Trommeln«, berichtet Xavier. »Deshalb wollte ich unbedingt Schlagzeug lernen, als ich noch ein richtig kleiner Junge war. Meine Mutter brachte mich, noch bevor ich in die Schule kam, an die Musikschule von Mannheim, doch da ließen sie mich erst gar nicht ans Schlagzeug ran, ich sollte Glockenspiel lernen. Das hat mich nun überhaupt nicht interessiert. Also bin ich schon nach der ersten Stunde wieder nach Hause marschiert und nie mehr dorthin gegangen. In der Schule hätte ich ebenfalls extern am Musikunterricht teilnehmen sollen, doch ich konnte und wollte keine Noten lesen, das war mir zuwider. Daran ist die Sache letztendlich gescheitert. Ich kann bis heute keine Noten lesen, weil ich den Sinn dahinter nicht verstehe. Ich habe die Musik schließlich im Blut, warum sie auf ein Blatt Papier schreiben?«

Trotz seiner Noten-Unkenntnis hat Xavier nach eigenen Angaben »gesungen, seit ich denken kann. Im Gesangsverein, im Chor, bei den Sternsingern, in verschiedenen Schülerbands. Mir war rasch klar, dass Singen meine Berufung ist«.

Ansonsten wurde Xavier ebenfalls rasch klar gemacht, dass er − obwohl er ein waschechter »Mannheimer Bub« ist −, auf Grund seiner dunklen Hautfarbe ein Außenseiterdasein in seiner Heimatstadt fristet. Was dazu führte, dass sich Xavier Naidoo als Reaktion auf vielfältige und nicht eben seltene diskriminierende Sprüche bereits in jungen Jahren zu einem ziemlichen Dickkopf entwickelte.

»Es gab etliche Vorfälle rassistischer Prägung, die mir widerfahren sind und an die ich mich nach wie vor erinnern kann«, sagte Xavier im Dezember 2001 anlässlich eines Interviews für dieses Buch. »Die erste ernsthafte Anmache passierte, als ich vielleicht fünf Jahre alt war. Sie bedrückt mich bis heute, weil mich zum ersten Mal ein Erwachsener rassistisch angegangen hat. Denn von Gleichaltrigen war ich das gewohnt, das hat mich ziemlich schnell kalt gelassen.«

Was war passiert? »Ich habe, ehe ich in die Schule kam, in so genannten ›Fußball-Käfigen‹ gebolzt, also in vergitterten Höfen, in denen wir Kinder kickten. Eines Nachmittags spielten wir, vier oder fünf Gleichaltrige, wieder mal zusammen, als ein älterer Mann angelaufen kam, wutentbrannt am Gitter rüttelte und mir in breitestem Mannheimer Dialekt zubrüllte: ›Bimbo! Was willst du hier? Wer glaubst du denn, wer du bist, dass man dich hier spielen lässt?‹

Ich war wie erstarrt. Vom Kindergarten war ich Anspielungen auf meine dunkle Hautfarbe gewohnt. Aber von Erwachsenen? ›Bimbo‹? Nein, das hatte ich bislang noch nie hören müssen. Heulend lief ich zu meiner Mutter nach Hause. Die wollte unbedingt wissen, wer diesen Scheiß zu mir gesagt hat. Ich habe es ihr damals nicht erzählt, weil ich Angst hatte, sie würde den Kerl umbringen, so wütend war sie. Erst viel später habe ich es ihr dann gebeichtet. Sie kannte den Typen − und hat seitdem nie mehr mit ihm gesprochen. Sie konnte das nicht fassen. Eine gute Schule für meine Zukunft ist dieser Zwischenfall dennoch gewesen: Ich habe daraus gelernt, dass ich anders bin als die meisten anderen. Und dadurch gelernt, dass ich mir nichts im Leben gefallen lassen werde.«

Bis heute hat Xavier Angst vor Diskriminierung, wie er dem Magazin *Musik Express/Sounds* 1999 anvertraute: »Doch, das kann mir heute noch jeden Tag passieren«, meinte er. »Ich steige aus einem guten Auto aus, und für die meisten bin ich ein Dealer. Im Normalfall erkennt mich doch ein 50-Jähriger nicht. Der denkt bloß: ›Guck mal, der Drecksack, was will der Bimbo?‹ Das merkst du an seinem Gesicht, dass er verbittert ist und nicht damit zurechtkommt, dass ein Schwarzer so ein Auto fährt. Ich fürchte jedenfalls, dass ich mich mein ganzes Leben lang mit dem Problem der Diskriminierung in Deutschland herumschlagen muss.«

3.
Vom Kind
zum Zivildienstleistenden

Immer wieder hat Xavier Naidoo in Interviews geradezu gebetsmühlenartig betont, dass »ich eine ganz normale, friedliche Kindheit hatte. Meine Eltern – vor allem meine Mutter – mögen recht streng gewesen sein, doch sie haben mich sehr geliebt und behütet«.

Nachdem Xavier die Volksschule hinter sich gebracht hatte, besuchte er die Realschule im Mannheimer Stadtteil Freudenheim. »Ein sonderlich guter Schüler war ich nicht«, meint Xavier, »vor allem mit Mathe hatte ich ziemliche Probleme, die habe ich bis heute. Ich war auch kein besonders großer Fan von Schule, ich habe mich eben so durchgemogelt. Doch immerhin, dass meine Stimme etwas Besonderes und sehr ausdrucksstark ist, wußte ich schon in der 2. oder 3. Klasse der Volksschule. Ich erinnere mich an eine Situation, als unsere Englischlehrerin von jedem Schüler in meiner Klasse verlangt hat, ein englischsprachiges Lied vorzusingen. Ich habe mich für ›My Bonnie Is Over The Ocean‹ entschieden – und meine Lehrerin ist dahingeschmolzen, während ich trällerte. Und das, obwohl sie mich nicht besonders gut leiden konnte. Jedenfalls merkte ich damals schon, dass hinter meiner Stimme eine starke Kraft steckt.«

Nur mit seiner Hautfarbe und den damit verbundenen Spötteleien hatte Xavier immer wieder Probleme: »In der Schule gab es Rassismus mir gegenüber zwar höchstens hinter vorgehaltener Hand«, erinnert sich der gebürtige Mannheimer. »Es wurden Anspielungen gemacht, doch so recht raus mit der Sprache wollte keiner. Nur ein Typ war hart im Austeilen, er war einer der Oberschläger an der Penne. Es gab Tage, da war er mein bester Freund – und andere Tage, an denen er mich abfällig Nigger genannt hat. Ganz so, wie es ihm gerade passte. Einmal hat er mir aus heiterem Himmel und ohne ersichtlichen Grund eine schallende Ohrfeige verpasst. Es war die einzige Ohrfeige, die ich je von einem anderen als von meinen Eltern bekommen habe. Nach diesem Erlebnis habe ich beschlossen: ›Okay, jetzt reicht's, ich muss mich in Zukunft zu wehren wissen.‹ Da habe ich angefangen, Kampfsport zu trainieren. Ich muss damals dreizehn oder vierzehn gewesen sein, es war definitiv während meiner Realschulzeit.«

Xavier fand einige Zeit lang großen Gefallen am Kampfsport. »Ich habe mehrere Jahre lang trainiert – Kickboxen, um genau zu sein –, aus dem Anspruch heraus, mich als dunkelhäutiger Deutscher gegen Idioten wehren zu können, denen meine Hautfarbe nicht passt«, reflektierte Naidoo diese Phase seines Lebens beim Interview im Dezember 2001. »Heute bin ich nicht mehr aktiv im Training, doch Dinge wie Kampfsport verlernt man ja nicht, das ist ähnlich wie mit dem Radfahren. Mein einziger Sport heute ist Konditionstraining, als Ausgleich für die Studio-Marathons, bei denen man meist rumsitzt. Zu verteidigen«, sagte Xavier lachend, »weiß ich mich allerdings nach wie vor. Ende der achtziger und Anfang der neunziger Jahre gab es in Mannheim und Umgebung eine ziemlich wüste Neo-Nazi-Szene. In jener Zeit war ich mit zwei ziemlich sportlichen Schwarzen befreundet – und natürlich wurden wir drei von Glatzen häufig angemacht. Doch wir wußten uns bei den Prügeleien zu wehren – mit Kampfsport, aber auch mal mit Lattenzäunen, in die Nägel eingeschlagen waren. Wir haben solche Kämpfe selten verloren. Ich weiß noch, eines Samstagabends hockten meine Kumpels Boris, Mario und ich wie so oft am Brunnen in Mannheims Innenstadt, wir waren die berüchtigten Brunnen-Kinder in jener Zeit. Plötzlich baut sich da in der Nähe von uns eine Ludwigshafener Nazi-Posse auf, und ihr Anführer schreit zu uns rüber: ›Ey, was wird denn das, findet hier 'ne Neger-Versammlung statt?‹ Boris, Mario und ich, wir haben uns nur kurz angesehen, dann die Glatzen – immerhin rund zehn Typen –, ehe wir beschlossen haben, zu ihnen rüberzustiefeln. Damit hatten die wohl nicht gerechnet. Jedenfalls sahen wir nach dem Fight gesünder aus als die Jungs aus Ludwigshafen.«

Und Xavier erkannte ganz richtig, was er aus solchen Kindheits- und Jugenderfahrungen gelernt hat: »Das Projekt Brothers Keepers, das ich anno 2000 mit ins Leben gerufen habe, ist sicherlich aus der Gemeinsamkeit aller

Mitwirkenden entstanden, dass wir allesamt Deutsche sind und uns deutsch fühlen, aber eben eine andere Hautfarbe als der durchschnittliche Deutsche haben, da wir durchgehend zumindest von einem nicht-deutschen Elternteil abstammen. Zwar fühle ich mich Südafrika in gewisser Weise verbunden, was bestimmt daran liegt, dass ich mit meinen Eltern von früher Jugend an intensiv Nachrichtenmagazine und Auslandsreportagen im Fernsehen angesehen habe, weswegen ich seither auch nachrichtensüchtig bin. Doch letztendlich bin ich tief im Inneren ein Deutscher. Klar schlägt auf Grund meiner Eltern ein südafrikanisches Herz in meiner Brust. Andererseits bin ich mit der katholischen Kirche und ihren Ritualen – vor allem ihren Litaneien – groß geworden. Ich liebe bis heute Choräle und Liturgien. Nur habe ich die ziemlich bald mit Soul-Einflüssen vermengt, weil ich zu Hause hauptsächlich schwarze Musik zu hören bekommen habe. Aber nochmals, ich bin Deutscher. Und wer mir dieses Recht streitig machen will, bekommt Ärger mit mir.«

Allerdings legte Xavier es ungern auf Prügeleien an: »Ich ging meist vorsichtig an die Sache ran«, verriet er dem *Spiegel.* »Ich hatte nämlich Angst vor Narben. Schließlich wußte ich früh, dass ich Popstar werden will, da passen Narben nicht gut ins äußere Erscheinungsbild.«

Ehe Xavier Naidoo 1989 seine schulische Laufbahn mit einem Realschulabschluss beendete, gibt es aus seiner Kindheit lediglich noch von einem einschneidenden Erlebnis zu berichten, über das er erst im Juni 2001 sprach –

sowohl in der Illustrierten *Max* als auch kurz darauf als Gast am 11.6.2001 in der ARD-Late-Night-Talkshow »Beckmann«. Es ging in diesen Gesprächen um eine versuchte Vergewaltigung.

Auslöser für Xaviers Bekenntnis war die Veröffentlichung der Single »Jeanny«, ein Remake des gleichnamigen und stets heftig umstrittenen Falco-Klassikers aus dem Jahre 1985. Naidoo hatte das Lied zusammen mit der irisch-deutschen Rockband Reamonn gecovert, die gesamten Erlöse aus dieser Kooperation flossen auf ein Konto der Hilfsorganisation »Dunkelziffer e. V.«, die sich um sexuell missbrauchte Kinder und Jugendliche kümmert.

Xaviers Hauptargument für seine Beteiligung an dem »Jeanny«-Projekt war, so sagte er *Max*, dass »ich selbst einmal von sexuellem Missbrauch betroffen war. Ich war keine zehn Jahre alt. Es war in Südafrika. Der Gärtner meiner Tante.« Wie er darauf reagiert habe, wollte die Interviewerin wissen. »Bei mir war es so, dass ich gedacht habe, wenn ich darüber rede, bringen die den Mann um. Also habe ich jahrelang geschwiegen. Erst als ich zwanzig war, konnte ich mit meiner Mutter darüber sprechen. Sie wollte es gar nicht glauben und war entsetzt.«

Ob er sich im Nachhinein nicht an dem Mann rächen wollte? »Nein«, antwortete Xavier. »Ich habe mit acht oder neun schon versucht, den Täter zu verstehen. Habe mich gefragt: An was hat es gelegen? Warum passiert mir das? Ich habe mir gesagt, dass er so ähnlich aussieht wie mein Vater, er war auch ein Inder. Letztlich habe ich mein ganzes Leben darüber nachgedacht, wie jemand so etwas tun kann.«

Zum Äußersten allerdings kam es nicht bei diesem versuchten Missbrauch, der indische Gärtner beschränkte sich aufs Befummeln. Trotzdem dauerte es bis zur Einspielung von »Jeanny«, ehe sich Xavier vom Dämon dieses Teils seiner Vergangenheit befreien konnte. Ganz bewußt schlüpfte er bei diesem Song in die Täterrolle. Und gab zu: »Wenn die Stelle im Lied kommt, an der ich zu schreien beginne, läuft mir ein Schauer über den Rücken.«

Nur das Nachrichtenmagazin *Focus* war nicht sehr angetan von Naidoos »Jeanny«-Remake und der damit verbundenen karitativen Mission: »Schauriger Geschmack und vielleicht auch Naivität biblischen Ausmaßes sind nun wieder dafür verantwortlich, dass das pompöse Requiem des vor wenigen Jahren tödlich verunglückten Falco zurückkehrt. Denn weil es dem singenden Seelsorger Xavier Naidoo nicht reicht, Rock gegen Rechts zu spielen, rotznasige Straßenkinder neu einzukleiden, Behindertenarbeit zu leisten und möglichst viel Sprit zu verfahren, ließ sich der spirituelle Automobilist vor einen weiteren karitativen Karren spannen. Dabei mangelt es Deutschlands nachdenklichstem Chartstürmer zwar nicht an gutem Willen, wohl aber in diesem Fall an der nötigen thematischen Sensibilität.« Was der *Focus*-Schreiber in seiner harschen Kritik an »Jeanny« nicht berücksichtigt hat – dass Xavier damit ein Stück sehr schmerzhaften Kindheitstraumas verarbeitet hat . . .

Xaviers Jugend ging für ihn mit Beendigung seiner Realschulzeit 1989 zu Ende. Gerade 18-jährig, verdingte er sich als Türsteher des angesagten Mannheimer »Milk!«-Clubs (auch bei einigen Raves half er gelegentlich mit grimmigem Blick aus …), eine der Brutstätten der damaligen deutschen Drum-&-Bass-Szene. Bis 1992 blieb er dem Laden treu und stellte ihm seine durchtrainierte Muskelkraft zur Verfügung. Die Musik, die dort rotierte, hatte – wenigstens damals noch – keinen Einfluss auf seine eigenen musikalischen Ambitionen. Diese tendierten zu jener Zeit vor allem in Richtung religiöse Musik. Kein Wunder, dass er seinen Bass in den 1989 in Wallstadt gegründeten Gospel-Chor, den seine Mutter mit initiiert hat, einbrachte.

1990 wollte Xavier, wie er mit einem leicht spöttischen Lächeln auf den Lippen erzählt, »einen soliden Job« erlernen. »Meine Eltern haben mich stets dazu gedrängt, deshalb habe ich mich in einer schwachen Stunde darauf eingelassen. Dass die Geschichte nicht gut enden konnte, war eigentlich von Anfang an klar.«

Xavier machte eine Lehre als Koch im angesehenen Mannheimer Kongresszentrum Rosengarten, in dem regelmäßig Konzerte stattfinden. Sein Gastspiel sollte jedoch nur zehn Monate dauern. Denn: »Ich stellte rasch fest, dass ich bei dieser Ausbildung nichts lernen konnte, ich habe nach den zehn Monaten nicht besser oder schlechter gekocht als zuvor, weil ich dort in erster Linie mit Putzen, Kartoffelschälen und Frittieren beschäftigt war«, erinnert sich Xavier. »Dafür war mir meine Zeit dann letztendlich doch zu schade.«

Für kurze Zeit geht Xavier Naidoo jobben: Er modelt saisonweise, singt auf Hochzeiten und ist weiterhin als Türsteher beschäftigt. All das dient ihm nach eigener Aussage »lediglich zum Geldverdienen. Und gleichzeitig ist mir bewußt, dass sämtliche Erfahrungen aus jener Phase meines Lebens mir auch den Weg wiesen zu ›Nicht von dieser Welt‹, meiner ersten wirklich ernsthaften Arbeit«. Denn Xavier ist sich sicher: »Alles, was ich in meiner Jugend gemacht habe – egal ob als Model zu jobben oder bei diversen Chören, mit denen ich gesungen habe, mitzuwirken –, war wichtig für meine jetzige Karriere. Zu modeln hat mir geholfen, mich auf der Bühne geschmeidig bewegen zu können. Und all das Singen in der Öffentlichkeit von meinem dritten Lebensjahr an hat das Volumen meiner Stimme immens erhöht. Als Kind hatte ich gewisse Intonationsprobleme, die sind inzwischen völlig weg. Das war extrem wichtig. Und die angefangene Ausbildung zum Koch zeigte mir, dass ich für eine geregelte bürgerliche Arbeit eben nicht geschaffen bin.«

Über Xaviers Nebenjob als Model berichtet das Mannheimer Szene-Blatt *Meier* in seiner Ausgabe vom September 1995 Folgendes: »Dunkle Anzüge aus edlem Tuch oder Legeres für die Freizeit: Modische Anregungen für den Herrn zeigte Xavier Naidoo dem Publikum in der voll besetzten Mannheimer ›Musikhalle‹ – als einziges männliches unter fünfzehn Models. Gestylt mit Männermode von ›Uomo‹ aus Bietigheim unterhielt das musicalerprobte Multitalent die Zuschauer u. a. mit einem ›Stand By Me‹-Gesangssolo.« So viel zu Xavier, dem Model ...

1992 ruft der Staat nach Xavier Naidoo, und er entscheidet sich für den Zivildienst: »Ich hatte immer schon Respekt vor alten Menschen«, meint Xavier rückblickend, »und mit Behinderten konnte ich auch prima umgehen, mit denen hing ich öfter mal in Zeltlagern als Jugendlicher ab. Daher habe ich mich für eine Arbeit entschieden, die mit Alten wie mit Behinderten zu tun hat.« Fünfzehn Monate musste Xavier für den ASB (Arbeitersamariterbund) beim Behindertenfahrdienst arbeiten anstatt zwölf Monate bei der Bundeswehr. Doch das war die absolut richtige Entscheidung für ihn, denn: »Für mich war stets klar, dass ich nicht zum Bund gehe, stattdessen verweigern werde. Ich hatte nämlich von einigen meiner dunkelhäutigen Kumpels, die zum Militär eingezogen worden waren, erfahren, dass man sich beim Bund als Nicht-Weißer jede Menge rassistischen Müll gefallen lassen muss. Und ich wusste, bei solchen Sprüchen würde ich ausrasten, denn mit so etwas kann ich überhaupt nicht umgehen. Ich hatte keine Lust«, sagt Xavier lachend, »meine ganze Bundeswehrzeit in Einzelhaft zu schmoren.«

Die fünfzehn Monate Zivildienst waren wichtig für ihn, davon ist er überzeugt. »In jener Zeit bin ich erwachsen geworden, was immer das bedeuten mag«, berichtet er. »Zum einen lernte ich, Verantwortung für andere Menschen zu übernehmen. Zum anderen reifte in mir damals der endgültige Entschluss heran, von der Musik leben zu wollen. Ich weiß noch, dass ich meinen Finanzberater bei der Bank zugelabert habe, damit er mir den Kauf eines 4-Spur-Tonbandgerätes auf Kredit finanziert hat. Das habe ich dann gekauft und Hunderte von Bändern aufgenommen. Ich habe gesungen und auch – ähnlich wie Bobby McFerrin – A-cappella-Instrumente imitiert. In dieser Zeit habe ich bestimmt Tausende solcher Tracks eingespielt.«

Seine Eltern waren von Xaviers fester Überzeugung, Musiker werden zu wollen, nicht unbedingt angetan. »Als ich Ma und Dad während der Zivildienstzeit mitgeteilt habe, dass ich unbedingt von der Musik leben möchte, waren sie – vor allem meine Mutter – sehr skeptisch. Ich bin ja erzogen worden, dass ich, gerade als Nicht-Weißer in Deutschland, erst mal was Ordentliches lernen und um Himmels willen niemals mit dem Gesetz in Konflikt geraten soll. Sie wollte sich keinesfalls Sorgen um mich machen müssen. Für sie war klar, dass ich eine solide Ausbildung durchziehen musste. Und Musiker: Nun ja, das kam ihr alles andere als solide vor.«

Doch Xavier ließ sich von seinem Traum nicht abhalten. »Während meiner Zivildienstzeit habe ich mir bereits ein erstes Demo-Band zusammengestöpselt, völlig laienhaft natürlich, ich hatte ja weder das Geld noch die technischen Möglichkeiten, etwas Professionelles hinzubekommen«, erzählt er rund zehn Jahre später. »Auf diesem Band kann man ›When Doves Cry‹, diese alte Prince-

Nummer, hören, die ich zusammen mit zwei anderen Zivis aufgenommen habe. Der eine von ihnen spielte Saxophon, der andere Gitarre. Ich selbst stand mit einem Shaker rum, den ich im Takt geschüttelt habe, und dazu habe ich gesungen. Wir nahmen dieses und andere Lieder im Aufenthaltsraum unserer Zivildienststelle in der Arbeitspause auf. Soweit ich mich erinnere, waren auf diesen Demo-Tapes auch noch eine A-cappella-Version des Tears-For-Fears-Klassikers ›Woman in Chains‹ drauf sowie zwei Eigenkompositionen. Miserable technische Qualität natürlich, doch wer genau hinhörte, konnte rausfinden, dass meine Stimme ganz originell klingt.

Eines von diesen Bändern habe ich zur Plattenfirma ›Virgin‹ nach München geschickt, weil ich dieses Label immer für cool gehalten habe, ein anderes ging an eine Werbeagentur, mit der ich kurz zuvor einen Werbejingle für Willy Bogners Film ›Fire On Ice‹ aufgenommen hatte. ›Virgin‹ hat mir ein freundliches Ablehnungsschreiben zurückgesandt, doch der Typ von dieser Werbeagentur namens ›Trust‹ fand die Sache witzig, auch die Auswahl der Stücke hat ihm gut gefallen.«

Dann endete Xaviers Zivildienstzeit. Und seiner Karriere als professioneller Musiker stand nun nichts mehr im Wege. Na ja, nicht allzu viel ...

4.
Musikalische Lehrjahre
und ein Ausflug in die USA

Der Chef der Werbeagentur »Trust«, der Gefallen an Naidoos eingesandtem Demo-Band fand, meinte zu Xavier: »Eigentlich kann ich als jemand aus der Werbebranche nichts für dich tun, doch ich kenne da ein paar Musik-Producer, vielleicht helfen die Jungs dir weiter.«

So kam Xavier zu Moses Pelham und seinen Studio-Leuten im Frankfurter Stadtteil Rödelheim, zu jener Zeit eines der angesagtesten Produzententeams für HipHop und Dance in ganz Deutschland. Moses Pelhams damalige Kompagnons waren Martin Haas und Robert Sattler.

Eines Tages kam die Tochter des damaligen Bundesbahn-Präsidenten, Nicole Dürr, ins Studio von Pelham & Co. Es ging um einen Werbejingle. Xavier und sie kamen ins Gespräch, im Verlaufe dessen Nicole erzählte, dass sie seit längerem die Idee hatte, das »Ave Maria« in einer modernen Version aufzunehmen. Nach erster Stimmprobe war sie überzeugt, dass Xavier der richtige Mann für diese gewagte Angelegenheit sei.

»Das war eine irre Sache«, erinnert sich Xavier. »Ich kannte als Kirchenchor-Mitstreiter natürlich das ›Ave

Maria‹, habe es immer geschätzt. Während ich mich mit einer modernen Neuinterpretation beschäftigte, dachte ich irgendwann: ›Wow, daraus könnte man eine grandiose Drum-&-Bass-Version stricken!‹ Es war, als hätte dieses Stück mit einer neuen Version nur auf mich gewartet. Also haben wir diese Nummer aufgenommen, mit lateinischem Text – und das war es erst mal. Doch bald schon sollte es weitergehen, denn Nicole hatte in jener Zeit keine besondere Lust, in Deutschland abzuhängen. Und ich war jung, ich war bereit für Abenteuer, ich war damals auch nicht wirklich wild darauf, unbedingt in Deutschland zu bleiben. Deshalb entschlossen sich Nicole und ich, nach Amerika zu fliegen und dort unser Glück zu versuchen.

Wir rauschten ab nach New York, wobei Nicole bereits nach einigen Tagen wieder zurückflog. Mein Rückflug war erst einige Tage später, am Tag meiner Abreise hatte ich genau noch 13 Dollar in der Tasche, mit denen musste ich zum Flughafen kommen. Und mit genau diesen 13 Dollar kam ich mit dem Taxi zum Flughafen. Das war mein erster Eindruck von Amerika – die Sache war interessant, doch ich war völlig abgebrannt.«

Dieser etwas merkwürdige Aufenthalt in Amerika sollte allerdings nicht der letzte bleiben. Nicole Dürr stellte Kontakte zu Produzenten in den USA her, es gab sogar das Angebot einer Plattenfirma für eine Albumproduktion. Wieder zu Hause in Mannheim, schrieb Naidoo einige Lieder in englischer Sprache und flog daraufhin mehrmals begeistert zu Studioaufnahmen in die Staaten. Mit der Euphorie war es jedoch bald vorbei, als er 1994 das fertige Album »Kobra« hörte. »Da war nichts mehr von meinen Ideen übrig geblieben«, vertraute er dem *Spiegel* an. »Die Platte war zu einer seelenlosen, äußerst durchschnittlichen Soul-Dance-Scheibe mutiert.«

Noch dazu musste sich Xavier mit scheinheiligen Produzenten, unseriösen Firmen und lausigen Verträgen herumschlagen. Zwar hatte er, wie er im November 1995 der *Schwetzinger Zeitung* nahezu euphorisch verriet, »ein halbes Jahr in Palm Beach, mit Musikern aus der Szene rund um Gloria Estefan gearbeitet«. Doch im selben Artikel bekannte er gleichzeitig: »Meine Plattenfirma in Amerika hat mich von allem fern gehalten. Ich hatte wenig Kontakt zu anderen Musikern, zum Publikum auch nicht.« Und er resümierte: »Das Engagement in Amerika hat Spaß gemacht, aber ich fühle mich nur hier in Mannheim zu Hause.«

Dennoch machte Xavier sich auch nach Erscheinen von »Kobra« nach 1995 erneut auf den Weg in die Neue Welt, um das Album im Radio und bei Club-Konzerten zu promoten. Lohn der Mühen: Naidoo lernte einige talentierte, amerikanische Musiker kennen, mit denen er bis heute Kontakt hält. Und immerhin kam die aus »Kobra« gekoppelte Single – das »Ave Maria« – in die Charts. Allerdings nicht in den USA, sondern im südamerikanischen Venezuela. »Ich weiß bis heute nicht genau, wie dieser Song den Weg nach Venezuela geschafft hat«, wundert Xavier sich schmunzelnd bis heute. »Ich selbst war jedenfalls noch nie dort.« Es scheint, dass die Wege des Herrn auch in der Pop-Branche unergründlich sind ...

Alles in allem verlief der Ausflug ins »Land Of Hope And Glory« zumindest in geschäftlicher Hinsicht reichlich enttäuschend. Was zur Folge hatte, dass Xavier 1995 beschloss, seine Karriere doch lieber im geliebten heimischen Mannheim voranzutreiben. »Ich habe schon Respekt vor Amerika, schließlich ist da einige Musik entstanden, die mit meiner eigenen Kunst etwas zu tun hat, vor allem die Black-Music-Szene«, bekannte er in einem Interview für dieses Buch. »Zum Beispiel hörte ich während meines ersten Aufenthalts in New York täglich, beinahe stündlich, den Song ›Crossroads‹ von L.L.Cool J. Das war eine Art apokalyptisches Untergangs-Szenario, das mich wahnsinnig beeindruckt hat. So was wie ein Leitfaden für einige spätere Songs von mir, wenn ich ehrlich bin. Dieses Stück hängt für mich unwiderruflich mit New York zusammen. Ich sammelte Eindrücke von Amerika, während ich pausenlos dieses Lied im Ohr hatte. Das war sicherlich entscheidend dafür, wie ich bis heute über die Vereinigten Staaten denke – ein spannendes Land, doch ich habe nicht viel darin verloren.«

Seinen bislang letzten Ausflug ins »Gelobte Land« unternahm Naidoo 1997, allerdings rein privat. »Ich war mit einigen Kumpels nach Minneapolis geflogen«, erinnert er sich. »Vor allem deshalb, weil wir als eingefleischte Prince-Fans unbedingt sein ›Paisley Park‹-Studio besuchen wollten. Doch weiter als bis zum Eingangsportal sind wir nicht gekommen.« Das Mysterium USA bleibt Xavier bis heute verschlossen. »Ausschließen, dass ich Amerika irgendwann mit meiner Stimme und meiner Musik erobern werde, möchte ich allerdings nicht«, meint er. »Schließlich bin ich der festen Überzeugung, dass Talent sich immer und überall durchsetzen wird.«

5.
Jahre zwischen Glaube, Musical und Businesskontakten

»Eigentlich mag ich keine Musicals, sie sind mir zu abgehoben«, gesteht Xavier uns im Dezember 2001. »Ich konnte einfach nie nachvollziehen, warum man einem Publikum singend eine Geschichte erklären will. So etwas ist völliger Quatsch in meinen Augen! Das hat nichts mit meiner Erfahrungswelt zu tun, es spielt sich jenseits der Realität ab.«

Auch wenn Xavier Naidoo so denken mag, es hinderte ihn nicht daran, zwischen 1993 und 1998 bei insgesamt drei Musicalproduktionen mitzuwirken – jedes Mal als Hauptdarsteller. Schuld daran trägt in erster Linie ein Mann: der Musiker, Songtexter und Musical-Ideenlieferant Richard Geppert aus Mannheim.

Geppert war und ist regelmäßiger Besucher von Chorproben des »Celebration Gospel Choir«, um dort neue Talente für seine Produktionen ausfindig zu machen. Dieser Chor wurde 1990 in Wallstadt gegründet, unter anderem von Xaviers Mutter Eugene. Xavier sang jahrelang Bass in diesem Chor – und Richard Geppert war von seiner Stimme wie von seiner Präsenz schon beim ersten Treffen 1992 dermaßen beeindruckt, dass er Xavier spontan bat, die Hauptrolle bei seinem damaligen Musical »Moses« zu übernehmen.

»Bei ›Moses‹ mitzuwirken war vor allem eine Geldbeschaffungsmaßnahme«, gestand Xavier später in Interviews offen ein. »Ich war damals gerade 21, da konnte ich die Kohle äußerst gut gebrauchen.«

»Moses« – basierend auf Motiven aus dem Alten Testament – war nur ein mäßiger Erfolg beschieden. Doch das Musical bescherte Xavier zumindest im Mannheimer Umkreis einen gewissen Bekanntheitsgrad, und Xavier erlebte seinen ersten kleinen Popularitätsschub.

Thorsten Riehle, heutzutage Geschäftsführer beim Mannheimer Veranstaltungstempel Capitol, der Xavier während der Produktion zu »Moses« kennen lernte, erinnert sich sehr wohlwollend: »Seine Stimme war schon damals umwerfend, er traf Töne in beinahe allen Lagen mit einer Selbstverständlichkeit und einer Lässigkeit, dass einem schwindlig werden konnte. Xavier trällerte vor sich hin, scheinbar mühelos, doch sein Organ ging einem durch Mark und Bein.«

Aber Riehle fügt im nächsten Moment auch ein wenig schnippisch hinzu: »Wie gesagt, gesangstechnisch war er nahezu unschlagbar. Doch schauspielerisch ... na ja ... gibt es sicher bessere Darsteller. Xavier kann am besten sich selbst auf der Bühne präsentieren. Als großen Charakterdarsteller würde ich ihn jetzt nicht unbedingt bezeichnen.«

»Moses« mag noch nicht der durchschlagende Erfolg gewesen sein – dafür sorgte aber das Nachfolgestück »Human Pacific« für umso mehr Wirbel, zumindest in Mannheim und Umgebung. Wiederum hatte Richard Geppert Musik, Idee und Liedtexte für das Musical geliefert, sein Kompagnon Rolf Hellinger war für Buch und Regie verantwortlich. Dieses Mal hatte Geppert die Hauptrolle des Dany ganz auf seinen Hauptdarsteller Xavier Naidoo zugeschnitten.

»Human Pacific« entstand in den Jahren 1993 und 1994, »es orientiert sich«, so lautet es in der offiziellen Pressemappe, »an der alttestamentarischen Geschichte Daniels und des israelischen Volkes. Mit der Vorlage dieser biblischen, historisch erwiesenen Geschichte entstand jedoch etwas völlig Neues. Durch die Mittel der Verfremdung, des Spektakels, der Buntheit, der Verzerrung und der Pointierung werden zeitlose, und damit die ganze Menschheitsgeschichte durchziehende, grundsätzliche Aussagen getroffen.«

Die Hauptbotschaft des Stücks lautet: »Die Suche – solange es Menschen gibt, wohl eine erfolglose Suche – nach Frieden.« Der etwas merkwürdige Titel des Musicals wurde gewählt, um auf die »Tiefe, Größe, ständige Bewegung, Unendlichkeit und Ewigkeit des Pazifischen Ozeans« hinzuweisen.

Die englischen Texte des Musicals entstanden in enger Zusammenarbeit mit Xavier und seiner Mutter Eugene. Eugene Naidoo wirkte darüber hinaus bei den Aufführungen mit, sie spielte in einer Nebenrolle im Chor eine Frau aus dem Volk.

»Human Pacific« ist das erste – populäre – Musical, das in Mannheim entstand und dort aufgeführt wurde. Die Welturaufführung fand nicht nur ausgerechnet im Mannheimer Rosengarten statt, sondern auch noch am 2. 10. 1995, Xaviers 24. Geburtstag. Offensichtlich ein Glückstag und -ort für die Produktion.

Die lokale Presse reagierte euphorisch auf das Stück. Und auch das Publikum zeigte sich begeistert. Gut 30 000 Besucher bewunderten das Musical in insgesamt sechzehn Aufführungen. Der letzte Vorhang im Rosengarten fiel erst am 1.3.1996. Alle Beteiligten waren außer sich über den Erfolg.

Die Tageszeitung *Mannheimer Morgen* berichtete von der Premiere zwei Tage später in einem groß aufgemachten Artikel: »Kurz nach 23 Uhr war's geschafft, die Premiere von ›Human Pacific‹ vorbei – oder eher doch nicht? Denn bis die Darsteller endgültig hinterm Vorhang verschwanden, dauerte es gut zwanzig Minuten. So lange klatschten, johlten und pfiffen die 2300 Zuschauer im ausverkauften Rosengarten – Standing Ovations für die erste Vorstellung der ersten original Mannheimer Musical-Produktion.«

Auch Xavier äußerte sich zu »Human Pacific« im September 1995 in der *Schwetzinger Zeitung:* »Dieses Musical ist für mich Herausforderung, Chance und Leidenschaft. Herausforderung, weil ich nun Musik und Schauspiel kombiniere. Eine Chance, weil ich meine Fähigkeiten zeigen kann. Leidenschaft, da Richard Geppert eine fantastische Musik geschrieben hat.«

Weil »Human Pacific« in Mannheim so erfolgreich war, wurde das Stück auch in der nahe liegenden Stadt Hockenheim in der dortigen Stadthalle aufgeführt – und brachte es auf legendäre 55 Vorstellungen. Das Musical wurde dort in einer neuen Version gezeigt. Xavier wirkte allerdings nicht bei allen Vorstellungen mit, da er zu dieser Zeit bereits häufig für 3p-Productions mit verschiedensten Jobs bedacht wurde.

»Human Pacific« war besonders bei Teens und Twens so beliebt, dass sich zwischen 1995 und 1996 gleich zwei Fanclubs gründeten, der eine davon in Hockenheim, der andere im pfälzischen Eisenberg. Beide Clubs mit ihren insgesamt rund 130 Mitgliedern besuchten regelmäßig die Vorstellungen, trugen T-Shirts mit den Konterfeis ihrer Stars und brachten Transparente mit, auf denen etwa geschrieben stand: »Xavier, Du bist so sexy«.

Um das Musical auch über die hessischen Grenzen hinaus zu einem Begriff werden zu lassen, griffen einige der Darsteller sowie die Macher zu einem ungewöhnlichen Mittel: Zwischen dem 3.–16. August 1996 traten sie eine Radtour durch die Republik an. Der *Mannheimer Morgen* berichtete: »Das Musical-Team von ›Human Pacific‹ hat's nicht nur in der Kehle, sondern auch in den Beinen. Das soll bewiesen werden mit einer Radtour durch die Bundesrepublik. Zudem soll auf einer mobilen Bühne an jeder Zwischenstation der Aktion das Werk von Richard Geppert mit Musik und Infos an die Passanten gebracht werden.«

Über 700 Kilometer legte die elfköpfige Crew zwischen Hockenheim und Leipzig zurück, ehe sie am 15.8.1996 wieder im Zielort Mannheim einradelte. Dort wurde ihnen ein warmherziger Empfang bereitet. »Mit einem Platzkonzert vor dem Rosengarten feierte das Team von ›Human Pacific‹ gestern nachmittag den Abschluss einer 14-tägigen Radtour. Elf Mitwirkende des Musicals waren 700 Kilometer von Hockenheim nach Berlin gefahren und hatten für ihr Stück geworben. Vor allem die Freiluftkonzerte, etwa in Naumburg, Potsdam oder Berlin, lockten viel Publikum an. Und in Mannheim begrüßten rund 100 Anhänger die Radgruppe um den Komponisten Richard Geppert mit großem Jubel. Die Musical-Darsteller, darunter Xavier Naidoo, revanchierten sich mit Live-Darbietungen der großen ›Human Pacific‹-Hits,« laut *Mannheimer Morgen*. Apropos Hits: Das von Xavier intonierte Stück »Save You« war im September 1995 die Nummer eins des regionalen Senders »Radio Regenbogen« in der Hörerwunschhitparade. Das komplette Musical wurde kurz darauf als CD veröffentlicht.

Nach dem gewaltigen Erfolg von »Human Pacific« erfüllte sich Geppert im Winter 1996 einen lang gehegten Traum: Er machte Urlaub auf den Seychellen. Inspiriert von der Landschaft der vielleicht schönsten Insel der Welt, kam Geppert nach Mannheim zurück, im Kopf bereits die Idee für sein nächstes Werk: »People«. Es handelt von der Geschichte eines Musikers auf der Suche nach der definitiven Melodie für Menschheit wie Menschlichkeit. »People«, das am 8.10.1998 Premiere hatte, sollte das letzte Musical sein, bei dem Xavier mitwirkte. Er mimt in der Hauptrolle den jungen Komponisten Littlegod. Die Handlung des Musicals pendelte zwischen Realität und Traum, in diesem Falle zwischen dem Studierzimmer Littlegods und seinen imaginären Reisen nach Eden Island. Auch in »People« finden sich wieder jede Menge religiöse, biblische Anspielungen, und es handelt sich wie bei den Vorgängern um die schmale Gratwanderung zwischen dem unbedingten Glauben an das Gute im Menschen einerseits und die innere Zerrissenheit des Protagonisten andererseits. Wie auch »Human Pacific« war »People« ein gewaltiger Erfolg. Was vermutlich mit daran gelegen hat, dass Xavier während der Aufführungen auf dem besten Weg dazu war, ein Star zu werden, seine ersten Singles vom Debütalbum »Nicht von dieser Welt« waren bereits in den Charts notiert.

Xavier hat in Interviews stets beteuert, dass »ich nicht der große Musical-Macker bin. Doch die Arbeit an den drei Produktionen hat mir jede Menge Spaß bereitet, ich habe in jener Zeit auch viel für mich gelernt. Außerdem fühle ich mich Richard Geppert sehr verbunden, ich habe bei seinen Produktionen vor allem wegen ihm, seiner Persönlichkeit mitgewirkt − und auch deshalb, weil mich die religiös-inspirierten Motive der drei Werke fasziniert haben«.

Xavier hatte kurz bevor die Arbeit an »Moses« begann, seine inzwischen beinahe zur Legende verklärte »biblische Erweckung«. »Es gibt eine Menge Gerüchte darüber«, erzählte er uns in einem Interview im Dezember 2001, »doch nur eine Version entspricht der Wahrheit. Es war der Sylvesterabend 1992, ich war alleine zu Hause, denn meine Mutter hielt sich gerade in Kapstadt auf, sie war mit der Urne meines kurz zuvor verstorbenen Vaters nach Südafrika geflogen, um dort auf einem Friedhof einen Platz zu finden, an dem er beerdigt werden sollte. In jener Zeit hatte ich gerade meinen Zivildienst absolviert, ich hatte zwar Dienst an Silvester, doch zwischen 22 und 2 Uhr gab es eine Pause, also fuhr ich nach Hause, in die Wohnung, die ich mit meiner Mutter teilte, denn ich bin nicht der gesellige Party-Typ, ich bin an irgendwelchen Feiertagen am liebsten alleine. Unser Leben zu Hause spielte sich damals vor allem in der Wohnküche ab, dort habe ich es mir gemütlich gemacht, den Fernseher angestellt und eine Kerze angezündet, die ich geschenkt bekommen hatte – eine Silvester-Kerze zum Jahr 1993. Ich hörte Bob-Marley-Musik, habe dazu mit leisem Ton ferngesehen. Irgendwann marschierte ich aufs Klo, und auf dem Rückweg zur Küche sah ich im Flur eine Bibel liegen, die ich noch nie zuvor bei uns im Haus gesehen hatte. Die habe ich mir geschnappt. Inzwischen war meine Silvester-Kerze schon ein wenig runtergebrannt, und ich habe mir ein Spiel daraus gemacht, dass ich die Seitenzahl in der Bibel aufgeschlagen habe, welche auf der Kerze noch zu lesen war. Es war die Seite 993. Ich wurde dadurch auf den ersten Petrus-Brief verwiesen, der sehr persönlich gehalten ist. Der endet mit den Worten: ›Durch Silvanus, meinen treuen Boten, habe ich dir diese Worte vermittelt.‹ Damals habe ich schon getextet, war also sensibilisiert für vieldeutige Aussagen, deshalb hat es mich umgeworfen, dass mir in der Silvesternacht etwas über Silvanus vermittelt wird. Das hat so perfekt gepasst, das hat mich wirklich aus den Socken gehauen. Also las ich weiter in der Bibel. Zuvor hatte ich mit diesem Buch nichts zu schaffen, noch nicht mal in der Schule haben wir sie gelesen. Als Halbwüchsiger habe ich nur einmal darin geschmökert – nachdem ich verbotenerweise den Film ›Das Omen‹ im Fernsehen geglotzt hatte. Darin geht es um das ›Biest‹, bei dem explizit auf die Bibel hingewiesen wird, deshalb schlug ich das nach. Doch an jenem Silvesterabend war ich von diesem Buch völlig fasziniert. Ich wunderte mich, dass ich als katholisch aufgewachsener Junge eigentlich keine Ahnung von dieser Schrift hatte. Deshalb beschäftigte ich mich rund drei Jahre lang intensiv mit dem Neuen Testament, danach auch mit der Alten Schrift. Ich weiß nicht mehr genau, warum. Vermutlich habe ich gedacht, dass man sich mit dem Alten Testament nicht beschäftigen muss, schließlich gibt es ja das Neue. Doch als ich mir Jesaja vornahm, war mir klar, dass die Jungs vom Neuen Testament ziemlich viel vom Alten abgeschrieben haben. Insofern war es natürlich sinnvoll, sich daraufhin das Original vorzuknöpfen. Das hat mich noch wesentlich mehr bewegt. Die Bibel ist nicht überholt, schon gar nicht das Alte Testament«, hat Naidoo für sich entschieden. »Wer sich intensiv damit beschäftigt, so wie ich, wird stetig einen Kontakt zum Heute herstellen. Eigentlich ist die ganze Menschheitsgeschichte in diesem Buch erzählt.«

»Ich fühle mich keiner Glaubensgemeinschaft explizit zugehörig«, erklärt er sein religiöses Selbstverständnis, »nicht einmal der christlichen. Mich stört daran dieser Dogmatismus, auch die Symbolik, etwa in Form von Kreuzen. Bei den Katholiken stört mich noch dazu der Papst, mit dessen Weltbild habe ich überhaupt nichts am Hut. Bei anderen Religionen sieht es genauso aus, finde ich – alle diese Dogmen und Symbole, das hat lediglich etwas mit Macht und Geld zu tun. Deshalb besuche ich auch keine Kirchen, Tempel oder Moscheen. Ich trage Gott in mir, er ist mein ständiger Begleiter. Wenn ich beten will, muß ich dafür also kein Gebäude aufsuchen. Selbst als ich 2001 die Heilige Grabeskirche in Jerusalem besucht habe, in der in einem Schrein angeblich die Original-Gebeine von Jesus liegen sollen, war ich zwar berührt, aber die brutale Kommerzialisierung an diesem Ort hat das Erlebnis getrübt. Mich haben schon beim Eintritt dort die Holzkreuze gestört – die sind da, weil man sich darunter stellen und fotografieren lassen kann. Das halte ich für völlig bizarr! Und wenn man dann den Weg runter zum Schrein geht, sieht man davor unübersehbar eine Kasse, in die man Geld reinwerfen soll, wenn man eine

Kerze anzünden möchte. Das ist so typisch für den christlichen Glauben – und nicht nur für den –, dass man sich seinen Weg zum Seelenheil immer erkaufen soll.«

Sichtlich aufgewühlt sagte er am Ende unseres Interviews: »Jesus ist mein Erlöser, keine Frage. Ohne ihn und die Lektüre des Neuen Testaments hätte ich nicht meinen Weg zu Gott gefunden. Allerdings halte ich nichts von Gläubigen, die nur zu Jesus beten und die darüber Gott zu vergessen scheinen. Das ist ein Irrtum! Ich halte oft Zwiesprache mit Jesus, dann sage ich ihm stets: ›Du weißt, wir sind dicke Kumpels – aber mein wahrer Ansprechpartner ist dein Daddy.‹ Vermutlich lehne ich auch deshalb das Kreuz als Symbol ab, weil es uns mit all seiner Bedeutung von Gott wegbringt.«

Nach solchen Aussagen dürfte klar sein, dass Xavier Naidoo ein gesteigertes Interesse daran hatte, an Musicals mit religiös-inspiriertem Inhalt mitzuwirken. Und es verwundert auch nicht, dass in genau diese Zeit die Gründung seines Projekts Söhne Mannheims fällt. Die besitzt ebenfalls einen religiösen Hintergrund, wie Michael Herberger, einer der Mit-Initiatoren, *Spiegel-Online* selbstbewusst erklärte: »Wir wollen das Business ein wenig verändern. Unsere Musik hebt sich ja ein bisschen ab von dem, was sich in den Charts gerade abspielt. Mein persönliches Ziel wäre, anspruchsvollere Musik mit gläubigen Texten in die Charts zu bringen. Darum ging es uns immer.«

Die wichtigste Erkenntnis für Xavier in den Jahren 1993 bis 1998 war nicht etwa die Tatsache, dass sich sein

Ruf und sein Ruhm mehr und mehr häufen. Nein, ihm ging es um etwas ganz anderes, wie er dem *Musik Express/Sounds* gestand: »Ich habe Silvester 1992 Gott kennen gelernt – und war völlig von den Socken. Du kannst meine Mutter fragen, seitdem hat sie einen ganz anderen Sohn. Ich bin nur ein kleines Licht. Aber seitdem mache ich etwas, das obergeil ist: Ich dringe mit meiner Musik in die Herzen der Menschen ein. Und was will ich mehr? Ich gebe alles, was ich habe, für die Sache – für Gott.«

Der *Tageszeitung* erklärte er ausführlich diesen Anspruch : »Der einzige Schlüssel, der meine Musik darstellt, ist: Erkenne diesen Gott – und alles wird gut! Ich glaube nicht an den Tod. Mein Glaube wird mich befähigen, den Himmel zu sehen. Warum sterben wir Christen Tag für Tag, wenn Christus den Tod schon vorweggenommen hat? In der Bibel steht ganz klar, dass der Tod nur ein Schatten ist.« Und zu guter Letzt kommt Xavier Naidoo zu der Erkenntnis: »Wir leben schon im Himmel. Wir haben es nur noch nicht kapiert.«

6.
Der Start von Xavier Naidoos Karriere mit »Freisein«: Das legendäre Duett mit Sabrina Setlur

Es ist beinahe ironisch, dass die eigentliche Karriere von Xavier Naidoo ausgerechnet mit einem Lied ins Rollen kam, das weder musikalisch noch textlich von ihm stammte. Gerade bei einem Künstler mit der sprachlichen Wortgewalt eines Naidoo kommt das unerwartet. Und doch, das Entree Xaviers in die Öffentlichkeit weit über Mannheims Grenzen hinaus war das Stück »Freisein«, komponiert von Moses Pelham und Martin Haas, inhaltlich abgerundet von Sabrina Setlur.

Die Frankfurter Rapperin hatte diesen Titel bereits 1997 auf ihrem zweiten eigenen Album »Die neue S-Klasse« präsentiert, damals noch mit Xavier als Background-Sänger. Dieses Stück war auch einer der größten Erfolge auf der anschließenden Setlur-Tour, denn die Fans liebten es, wenn Sabrina und Xavier diesen Titel im Duett zum Besten gaben. Auf Grund dieser Euphorie beschloss das 3p-Team, »Freisein« erneut aufzunehmen, dieses Mal unter dem Signet Xavier Naidoo & Sabrina Setlur, um Xavier den Einstieg in seine ohnehin geplante Solo-Karriere bei 3p zu erleichtern.

Um Xavier der VIVA- und MTV-Generation näher zu-
bringen, wurde beschlossen, auch noch ein Video zu
»Freisein« abzudrehen, in dem die zwei Künstler gleichbe-
rechtigt nebeneinander zu sehen sein sollten. Regisseur
des Clips sollte – wie so häufig bei 3p-Songs – der Österreicher Thomas Job sein.

»Ich finde es überhaupt nicht schlimm, dass Xaviers
erste Single ein bereits bekanntes Lied ist«, erklärte Sabrina Setlur während der Dreharbeiten zum Video. »Ich fühle mich als Autorin dieses Songs auch nicht benutzt. Denn
Xavier ist schlicht und ergreifend gut, sein Organ passt
perfekt zu jenem Titel. Mir hat es jedenfalls eine Menge
Spaß gebracht, mit Xavier an meiner ureigenen Nummer
zu arbeiten. Er ist für mich ein Vollblutkünstler durch und
durch.«

Aufgenommen wurde der »Freisein«-Clip in dem süd-
italienischen Küstenort Santa Severe. Xavier schwärmte
bereits während der Dreharbeiten, dass »hier die optima-
len Bedingungen gefunden wurden, um die tiefgründige
Aussage der Nummer optisch perfekt umzusetzen. Die
eher schroffe Landschaft mit all ihren Kontrasten passt
hervorragend dazu.« Und Sabrina Setlur ergänzte: »Italien
ist schlicht ein super Land, um rauszukommen aus dem
Trott des deutschen Alltags.«

Die raue Natur des Küstenortes spielt in der Tat eine
entscheidende Rolle in dem Clip, dazu gibt es die markanten Gesichter der beiden Protagonisten sowie deren
durchgehend in Schwarz gehaltene, elegante Kleidung.

Und obwohl die Vegetation in Santa Severe üppig ist, herrscht in »Freisein« dennoch eine kühle, beinahe bedrückende Atmosphäre. »Mit dem Video«, erklärte Sabrina Setlur, »soll nicht der Text des Liedes nacherzählt, sondern nur dessen Grundgefühl eingefangen werden. Wichtig war nur, dass dabei kein Kitsch herauskam.«

Video und Lied kamen beim Publikum fantastisch an, Xaviers Single-Debüt eroberte die Charts bis auf Rang 23, der Anfang für seine Solo-Karriere war gemacht. Dabei war es keine Berechnung seinerseits, als Einstand in die »große« Musikwelt ein Duett mit einer Künstlerin zu singen, die bereits sehr bekannt war. »Ich kenne Sabrina schon«, erzählte Xavier in einem Interview, »seit sie bei 3p Kaffee gekocht und hauptberuflich BWL studiert hat. Kein Mensch hatte damals eine Ahnung davon, dass sie so eine geile Rapperin ist. Jedenfalls habe ich mich mit Sabrina gut verstanden, lange bevor sie ein Star wurde.«

Dass Sabrina und Xavier sich in der Tat blendend zu verstehen scheinen, merkt man einem Interview an, das die beiden im Herbst 1999 gemeinsam *ZDF-Online* gewährten. Immerhin waren sie mit dem »Echo« für die erfolgreichsten nationalen Künstler des Jahres ausgezeichnet worden. Xavier hatte 1998 schon einmal den »Echo« für den besten Nachwuchskünstler erhalten.

Anlass für das *ZDF-Online*-Gespräch war die Single »Alles«, ein Titel aus dem Kino-Kassenschlager »Anatomie«. Es war eine weitere Zusammenarbeit zwischen Sabrina Setlur und Xavier Naidoo, dieses Mal allerdings unter anderen Voraussetzungen – beide Künstler hatten sich mittlerweile in der Öffentlichkeit einen Namen gemacht.

Auf die Frage, ob sich bei »Alles« im Vergleich zu »Freisein« an der Art der Zusammenarbeit etwas geändert hatte, meinte Xavier gegenüber *ZDF-Online*: »Nein – wir hatten nur mehr Zeit, uns besser kennen zu lernen. Bei ›Freisein‹ waren wir nur freundschaftlich bekannt, und ich wusste, dass Sabrina eine Nette ist. Aber ich habe sie eigentlich nicht richtig gut gekannt. Mit der Zeit hatten wir immer öfter miteinander zu tun, und jetzt sind wir richtige Kumpels.« Sabrina bekräftigte diese Einschätzung mit einem überzeugenden »Ja!«. Klarer kann man eine freundschaftlich-kreative Kooperation nicht zum Ausdruck bringen …

7.
Die Hessen-Rap-Connection –
Moses Pelham ist der Mann
hinter Xavier

Auch wenn Xavier Naidoo seinen Künstler-Vertrag beim Frankfurter Label 3p-Productions am 14.8.2000 offiziell kündigte, steht außer Frage, dass der Mannheimer mit der einzigartigen Stimme ohne die musikalischen Fähigkeiten und den kommerziellen Riecher der Pelham Power Productions (so die ausführliche Bezeichnung von 3p) nicht diese einzigartige Karriere der letzten Jahre hinbekommen hätte.

Xavier war bereits seit vier Jahren – wir schreiben 1997 – eines der großen Talente des Frankfurter Kreativ-Labels unter Leitung des schwergewichtigen dunkelhäutigen Rappers Moses Pelham, ehe er anfing, ernsthaft an den Stücken für seine CD »Nicht von dieser Welt« zu arbeiten. Pelham, von den meisten Leuten Moses P. gerufen, war es, der Xaviers bis dahin eher lokal beschränkte Karriere auf Vordermann brachte und massenkompatibel gestaltete. Er erkannte das immense Potenzial seines neuen Schützlings gleich zu Beginn ihrer Kooperation, und sein Plan war es, Naidoos Fähigkeiten peu à peu der Öffentlichkeit zu präsentieren. Ein cleverer Schachzug.

Moses Pelham hatte erst 1991 die 3p-Productions gegründet und die Firma innerhalb kurzer Zeit zu einem der gefragtesten Kreativ-Teams im Bereich HipHop und Dance in Deutschland gemacht. 3p war demnach ein Begriff in der Musik-Szene, die Firma war »hot«. Es waren Pelham und seine Kompagnons Thomas Hofmann und Martin Haas, die den Siegeszug gerade von deutschsprachigem HipHop mit in Gang gesetzt hatten.

Als Xavier 1993 zu der kreativen Truppe stieß, wurde er sofort integriert, durfte bei allen Produktionen mitwirken, wenn zunächst auch nur im Background. Trotz allem war diese Integration eine große Ehre für ihn. »Ich fühlte mich Moses sowie Martin Haas und Thomas Hofmann von 3p zur damaligen Zeit sehr verbunden«, berichtet Xavier in einem Interview 1999 mit *Spiegel-Online*. »Sie haben meine Karriere gelenkt und gefördert, keine Frage. Ich habe mich damals vor allem mit Moses sehr gut verstanden, ich habe ihn auch bewundert dafür, wie er es hingekriegt hat, seine Ideen zu verwirklichen, wie er an Beats und Sounds rangegangen ist, wie er zur gleichen Zeit kaufmännisch alles im Griff hatte. Das waren wichtige Erfahrungen, die ich in jener Zeit gesammelt habe, die mir später bei meinem eigenen Label sehr viel geholfen haben. Zuvor hatte ich nur mit Leuten zu tun gehabt, die in ihrer Arbeit ständig Kompromisse eingegangen waren. Doch Moses hielt stur an seiner Vision fest. Das hat mir imponiert. Ich fühlte mich jedenfalls prächtig aufgehoben in der 3p-Familie. Daher war klar, dass ich alle Aufträge, die Moses oder Thomas für mich hatten, annahm – selbst wenn es sich nur um irgendwelche Werbejingles handelte. Durch solche Aktionen wollten die 3p-Leute mich langsam aufbauen, Stück für Stück der Öffentlichkeit näher bringen.«

Das erste Mal ist Xavier 1994 auf einem 3p-Tonträger mit dem Song »Reime« zu hören – die erste Debutsingle des Rödelheim-Hartreim-Projekts, die eine Idee von Moses Pelham war. Xavier singt bei dem dazugehörigen Album »Direkt aus Rödelheim« auf einigen anderen Tracks mit. Auch auf den Platten von anderen 3p-Acts wie Bruda Sven oder Illmat!c kann man Xavier wie gewohnt stimmgewaltig bewundern.

Die eigentliche Markteinführung von Xavier begann allerdings erst im Jahr 1997. Dafür wendeten die 3p-Produzenten eine ähnliche Strategie an wie drei Jahre zuvor bei ihrem Star Sabrina Setlur. Sie durfte eine Strophe auf dem ersten Rödelheim-Hartreim-Projekt-Album intonieren – und überzeugte damit so viele Leute in ihrer Umgebung, dass sie nur ein Jahr danach ihr Solo-Debüt vorlegte.

Bei Xavier sollte ein ähnlicher längerfristiger Plan aufgehen: Moses und Mitstreiter schickten ihn 1997 mit Sabrina Setlur auf Tour, wo er das Publikum mit seiner Stimmkraft zu überzeugen wusste, gleich darauf wurde die Single »Freisein« vorgelegt. Der Plan ging auf, die Single enterte die Charts. Xavier und 3p hatten es geschafft, eine neue Stimme in der Öffentlichkeit zu etablieren.

Für das eingeschworene Team war jetzt der Weg geebnet, an Xaviers Solo-Karriere intensiv zu arbeiten. Und damit auch nichts schief gehen konnte, zogen alle Beteiligten für die Produktion von »Nicht von dieser Welt« an einem Strang. So steuerte Moses Pelham die meisten der Beats und Kompositionen bei, Xavier einen Großteil der Texte, der Rest der 3p-Posse übte sich im Background-Gesang, mit Rap-Einlagen und ähnlichem Einsatz. Was *Spiegel-Online* bereits Anfang 1999 zu der etwas hämischen Analyse verleitete: »Ja ja, von geschickter Vermarktung verstehen sie wirklich was, die Leute aus dem Hause 3p. Und so ist, quasi als Starthilfe für Naidoo, auch die gesamte Rödelheim-Clique vertreten auf dieser Fortsetzung des Moses-Pelham-Projekts ›Deutsche Soulmusik‹. Marketing made in Rödelheim – Respekt!«

Was man bei allen cleveren Marketing-Strategien vor allem Moses Pelham unbedingt zugute halten muss: Er glaubte von Anfang an bedingungslos an Xavier und seine Vision vom »modernen, gläubigen, deutschsprachigen Soul«, wie der es selbst definierte. Dieses Konzept war in Deutschland neu, niemand konnte absehen, ob es dafür tatsächlich einen Markt geben würde.

Bei dem Gespräch mit dem *Musik Express/Sounds* 1999 war sich Xavier zwar noch nicht sicher, wie ernst Pelham seine Arbeit tatsächlich nahm. »Ich bin überzeugt davon, dass bei 3p immer wieder Zweifel an meinen inhaltlichen Ideen herrschen.« Trotzdem hat Moses P. Xavier bei der Realisierung seiner Ideen freie Bahn gelassen und unterstützt, wo er nur konnte. *Spiegel-Online* zollt den Machern für das Teamwork von »Nicht von dieser Welt« großen Respekt: »Man kann die Rödelheimer mögen oder nicht, anzuerkennen ist, dass sie mit ›Nicht von dieser Welt‹ produktionstechnisch erneut ein Niveau erreichen, mit dem sie sich vor ihren großen amerikanischen Vorbildern nicht zu verstecken brauchen.«

Xavier hatte bereits im Juli 1999 dem *Mannheimer Morgen* gestanden: »Das Muster der Plattenfirma 3p steht ganz klar für massenkompatible Musik. Ich selbst bin ja sehr viel experimentierfreudiger. Ich muß immer gebremst werden, ich möchte immer alle möglichen Mikrofon-Sounds durchprobieren. Doch es ist schon okay, wie es auf »Nicht von dieser Welt« gelaufen ist. Da musste schon vieles kanalisiert werden, damit es auf meine Platte kommen konnte.«

Ganz anders ist die Strategie bei Xaviers Nachfolgealbum »Live« aus dem Jahr 1999. Während das Debüt klanglich sauber, gelegentlich gar steril daherkam, wurde bei »Live« auf die »street credibility« des frisch gebackenen Stars Wert gelegt. Von Auftritten in Rastatt, Mannheim und Travemünde der Xavier-Tour 1999 wurden Mitschnitte angefertigt, die nur geringfügig bearbeitet wurden; damit wurde der Scheibe das Raue der Live-Konzerte erhalten und die Authentizität des Künstlers dokumentiert. Somit hatte Xavier Naidoo mit nur zwei Alben geschafft, was selten einem Künstler in so kurzer Zeit gelingt: sich ein potenzielles Millionenpublikum zu erarbeiten, das aus kreischenden Teenagern, coolen HipHoppern, verträumten Mitt-Dreißigern bis hin zu religiös motivierten Senioren reicht.

Dass der clevere Rap-Daddy Moses P. an dieser Entwicklung wesentlichen Anteil hatte, ist unbestritten. Dass Xavier im Interview mit der Illustrierten *Max* trotz der damals schon laufenden Rechtsstreitigkeiten mit seinem ehemaligen Mentor dessen Rolle nie anzweifelte, war nur recht und billig. »Ich wollte das Projekt Söhne Mannheims ohne Fremddiktatur machen, und als das nicht möglich war, musste ich eine Entscheidung treffen. Jetzt arbeite ich ohne Moses. Aber ich kann ihn auch verstehen: Er entdeckt eine Person, baut sie auf, und dann geht die irgendwann weg von ihm. Klar, dass ihm dieser Schritt nicht gefällt.« Und schließlich brachte Xavier seine Hochachtung vor Pelham in einem Satz auf den Punkt: »Moses ist ein liebenswerter Mensch.«

8.
Xavier Naidoo:
Die Entstehungsgeschichte
meines ersten Albums
»Nicht von dieser Welt«

Ich erinnere mich, dass der Grundstein für mein Album »Nicht von dieser Welt« in der Zeit gelegt wurde, als ich noch bei Nicole Dürr und ihrem Label »Do-Music« unter Vertrag war. Das muss 1993 oder 1994 gewesen sein. Damals schon verfolgte mich die Idee, eine Art Soul-Gospel-Scheibe in deutscher Sprache aufzunehmen, unterlegt allerdings mit aktuellen Beats und Grooves. Das hatte es in dieser Form bis dahin nicht gegeben.

Nicole jedoch konnte mit meiner musikalischen Vision überhaupt nichts anfangen. Sie hat mich bei diesem Projekt dementsprechend nicht unterstützt. Also ließ ich es erst mal liegen. Bis Ende 1995.

Dann habe ich mit Richard Geppert, der ja zuständig war für die Musicals »Moses« und »Human Pacific«, einen Song komponiert, der »Nicht von dieser Welt« hieß. Als das Lied fertig war, wurde mir schlagartig klar, dass mein Debütalbum nur diesen Titel tragen kann. Das war reine Intuition.

1996 habe ich Moses Pelham von meiner Album-Idee erzählt. Das war während der Phase bei seinem 3p-Label, als er sich Gedanken darüber machte, nicht ausschließlich Sabrina Setlur als Künstlerin unter Vertrag zu haben, sondern sein Künstler-Repertoire zu erweitern. Moses, den ich als Künstler wie als Freund damals extrem schätzte, war jedenfalls sehr angetan von meiner Vision. Er hat peu à peu Tracks und Beats für mich geliefert, die auf »Nicht von dieser Welt« sollten. So entstand langsam das komplette Album. Die Musik stammt hauptsächlich von Moses, die meisten Texte von mir.

Meine inhaltliche Grundidee für »Nicht von dieser Welt« war, ein Album über Gott und meine Beziehung zu ihm zu verfassen. Bis auf das letzte Stück »Sag es laut«, das meiner Freundin Steffi gewidmet ist, und »Führ mich ans Licht«, das für ein Ungeborenes verfasst wurde, habe ich diesen Anspruch auch durchgehalten, obwohl für den Außenstehenden der Bezug zu Gott vermutlich nicht bei allen Titeln sofort zu erkennen ist.

Interessant ist im Rückblick, dass kaum jemand von meiner Idee, die hinter diesem Album steckt, angetan war. Weil es bisher in deutscher Sprache noch keine Musik mit solchen Themen gab, die authentisch und zur selben Zeit modern klingt. Doch das Misstrauen der Branche hat weder Moses noch mich gekümmert. Wir waren immer davon überzeugt, dass eine solche Sache funktionieren wird, wenn man nur voll und ganz dahinter steht, weil sie gerade durch ihre Aufrichtigkeit jede Menge Leute anspricht. Ich hatte auch gar keine andere Wahl – ich konnte nur eine CD aufnehmen, zu der ich hundert Prozent Vertrauen hatte. Alles andere wäre für mich nicht in Frage gekommen.

Ich habe immer an den kommerziellen Erfolg dieses Albums geglaubt. Die Lieder sind so einzigartig und gut, dass man damit ein breites Publikum erreichen kann. Selbst wenn es arrogant klingen mag: Hätte die Platte lediglich um die 100 000 Kopien verkauft, wäre ich maßlos enttäuscht gewesen. Dann hätte ich irgendetwas falsch gemacht.

Die ganzen Marketing-Leute um mich herum versuchten mich zu besänftigen: »100 000 oder 150 000 Einheiten von einer Debüt-CD loszuschlagen, das ist sensationell.« Doch damit konnte und wollte ich mich nicht zufrieden geben. »Deutschland hat über 80 Millionen Einwohner«, habe ich gekontert, »zumindest einer Million Leuten wird meine Scheibe so gut gefallen, dass sie bereit sind, dafür Geld auszugeben. Da bin ich mir völlig sicher!«

Ich hatte immer schon ein gutes Gefühl für Hooklines, die ins Ohr gehen, die eine Menge Leute ansprechen. Als ich zum ersten Mal Soul II Soul gehört habe, war mir klar, das wird ein Riesenknaller. So war es dann auch. Deshalb rechnete ich mir für meine Debüt-CD beste Chancen auf klasse Verkaufserfolge aus, denn die Lieder gehen ins Ohr, gleichzeitig kann man sich mit den Texten ausführlich beschäftigen, wenn man Lust dazu hat.

Wichtig ist an »Nicht von dieser Welt«, dass Musik und Text absolut gleichrangig nebeneinander stehen. Viele Menschen wollen meiner Ansicht nach nicht nur zu irgendwelchen Beats und geilen Melodien tanzen, sie wollen auch einen Song mit interessanten Inhalten. Etwas, worüber sie nachdenken, womit sie sich auseinandersetzen können.

Bei mir ist es so, dass ich eine Melodie im Kopf habe, während ich an einem Text bastle. Text und Melodie gehen bei mir Hand in Hand. Und ich denke, das ist die beste Herangehensweise, um eine in sich stimmige, harmonische Nummer hinzubekommen, welche den Hörer in ihren Bann zieht.

Textlich war immer klar für mich, dass ich eine Sammlung »vertonter Gebete« abliefern wollte, die man jedoch problemlos auch als Liebeslieder anhören kann. Ich hätte beim Schreiben nie die Wörter »Jesus« oder »Gott« in den Mund genommen, selbst wenn die meisten Songs an sie gerichtet sind. Das wäre mir zu abgeschmackt gewesen. In den schönsten Liebesliedern ist es auch so, dass du als Texter nicht den Namen des Menschen verwendest, dem du deine Verse widmest. Eine solche Vorgehensweise hindert dich nur daran, lyrisch zu klingen. Mir wäre das zu intim.

Okay, Gott ist für mich die Liebe. Wenn ich also über die Liebe singe, singe ich automatisch über Gott. Trotzdem habe ich nichts mit Sakro-Pop am Hut, das ist nicht mein Ding. Das hätte mich zu sehr in eine Außenseiterrolle gedrängt. Schließlich wollte ich immer, dass meine Lieder im Radio gespielt werden. Mit eindeutigen religiösen Aussagen hast du da keine Chance, selbst wenn die Melodien und Beats noch so einprägsam klingen.

Ein großes Vorbild für mich ist Van Morrison. Ihm gelingt es, religiöse Inhalte in Stücke zu packen, ohne dass diese unmittelbar als solche zu erkennen sind. Ich erinnere mich noch, als ich vor Jahren das erste Mal Van Morrison gehört habe, es war während einer Autofahrt von Frankfurt nach Mannheim – da saß ich vor Ergriffenheit tränenüberströmt im Auto und dachte: »Uff, es gibt noch so einen Verrückten wie mich, der von der Liebe und dabei von Gott singt.« Van beeindruckt mich seither immer wieder aufs Neue. Er ist ein Ausnahmekünstler, in dessen Tradition ich mich liebend gerne sehe.

Viele Menschen haben mich gefragt, warum ich anstatt eines Van-Morrison-Songs lieber »Flugzeuge im Bauch« von Herbert Grönemeyer gecovert habe. Doch mich in eine Reihe mit einem Idol wie Van zu stellen, traue ich mir bislang nicht zu. An Herbert hingegen bewundere ich, wie er mit der deutschen Sprache umgeht. Ich habe es immer ungewöhnlich gefunden, sie in dieser Form serviert zu bekommen. Deshalb habe ich mir den Song »Flugzeuge im Bauch« ausgesucht.

Wie auch immer, ich bin nach wie vor stolz auf »Nicht von dieser Welt«! Man kann über 3p-Productions und vor allem Moses Pelham denken, was man will, man kann sie mögen oder nicht. Anzuerkennen ist, dass sie mit »Nicht von dieser Welt« produktionstechnisch ein Niveau erreicht haben, mit dem sie sich vor ihren amerikanischen Vorbildern nicht zu verstecken brauchen. Und ungewöhnlich ist dieses Album allemal.

Dass es letztendlich ein gewaltiger Verkaufserfolg wurde, und ich dadurch mit meinen Prognosen Recht hatte, war natürlich eine große Bestätigung für mich. Vor allem hat mich gefreut, dass die Scheibe viele, viele Monate in den Charts vertreten war, dass wir insgesamt fünf Singles auskoppeln konnten, die alle in den Hitparaden erfolgreich waren. Übrigens, der Kauf der Singles rentiert sich ganz bestimmt, da wir bis zu sieben verschiedene Versionen von der jeweiligen Nummer draufgepackt haben. Manche Maxi wird dadurch bis zu siebzig Minuten lang.

Ja, ich bin stolz auf diese Scheibe! Wobei ich voller Überzeugung sagen kann, dass all der Erfolg und die Verkaufszahlen meine Persönlichkeit nicht verändert haben. Ich war nie jemand, der sich um Geldangelegenheiten groß gekümmert hat. Wichtig war und ist mir, gehört zu werden. Weil ich glaube, dass ich etwas zu sagen habe.

Mannheim, im Februar 2002   Xavier Naidoo

9.
Der lange Weg an die Spitze – vom belächelten Außenseiter zum charismatischen Superstar

Was für ein Mensch also steckt hinter dem Superstar Xavier Naidoo? Wie schafft es ein junger Mann, ausgestattet mit einer begnadeten Stimme und einer unzeitgemäßen Bekehrer-Vision, fast über Nacht einer der Superstars der deutschen Pop-Szenerie zu werden? Xavier Naidoo kümmert sich nicht um gängige Marktkategorien, die abgefeimte Medienlandschaft belächelt ihn eher süffisant als »Himmel-Stürmer« (*Stern*), »Jesus der Hitparaden« (*Der Spiegel*) oder schlicht als »haarsträubend peinlich« (*Berliner Zeitung*).

Trotzdem oder gerade deshalb hat Xavier Naidoo es geschafft, sich ins Herz von Fans aus verschiedensten Gesellschaftsschichten, Sozialisation und unterschiedlichsten Alters zu singen. Die *Berliner Zeitung* hat Anfang des Jahres 2000 ganz richtig geschlussfolgert: »Der Kerl singt deutschsprachigen Soul über Gott und Gospels über Mannheim. Damit kann man eigentlich nicht durchkommen, schon gar kein Mega-Star werden. Doch Xavier Naidoo überrumpelt souverän sämtliche Vorurteile, und genau das macht ihn so unwiderstehlich.« Auch die

Frankfurter Rundschau attestierte ihm im selben Jahr »eine Stimme, die in kleinsten Abstufungen und Nuancen Gefühle transportiert und sich in jeder Silbe des Schutzes der himmlischen Heerscharen bewusst ist, auf deren Back-up-Gesang man beinahe wartet«. Die *Süddeutsche Zeitung* erkannte ebenfalls seine Wirkung: »Xavier lässt rechtzeitig zur Auflösung von Sex & Drugs & Rock 'n' Roll den ältesten Rebellentyp der westlichen Zivilisation wieder aufleben: den des einsamen Wanderpredigers.«

Obwohl seine Musik bei einigen Kritikern keinen Anklang findet, spricht ihm doch keiner von ihnen sein außergewöhnliches Talent ab. Xavier Naidoo ist Charismatiker, Gesangsgenie und Einzelkämpfer in Sachen Pop.

Xavier Naidoo hat von Anfang an an sich und seine Mission als Sänger geglaubt. Bereits im November 1995 kündigte er der *Schwetzinger Zeitung* vollmundig sein Solo-Album »Nicht von dieser Welt« (das erst drei Jahre später auf den Markt kommen sollte) an: »Die Platte wird noch in diesem Jahr erscheinen. Ich bin überzeugt, dass man so was in Deutsch noch nie gehört hat.« Dem *Mannheimer Morgen* verkündete er nur wenige Wochen später: »Ich arbeite gerade an einem sensationellen, aufregenden Album. Wenn das rauskommt und nicht mindestens eine Million Kopien verkauft, bin ich richtig enttäuscht.« Wohlgemerkt – all das zu einem Zeitpunkt in Xaviers Leben, als er regionale Erfolge als Musical-Mitstreiter feierte und noch überhaupt nicht die Rede von einer Solo-Karriere war, die Mannheims Grenzen sprengen würde.

Doch Xavier Naidoo war sich seines ureigenen Phänomens stets bewusst, er hat daran gearbeitet, geglaubt, dafür gelebt. Was er im Juli 1999 auch dem *Mannheimer Morgen* mitteilte: »Für mich ist mein großer Erfolg nicht lawinenartig gewesen. Ich habe ja mein ganzes Leben im Endeffekt dafür Zeit gehabt, um mich darauf vorzubereiten. Außerdem kam ich in Mannheim bereits durch das Musical ›Human Pacific‹ mit der Presse in Berührung. Da konnte ich mir hochrechnen, wie es dann in Deutschland sein würde. Und bei Sabrina, bei der ich im Background gesungen habe, sah ich, wie sie durch die Medien vereinnahmt wurde. Ich war also vorbereitet.«

Der große Erfolg stellte sich tatsächlich innerhalb kürzester Zeit ein. So schaffte Xavier Naidoo es seit seinem Charts-Debüt »Freisein« im Dezember 1997 bis Dezember 2001, mit 16 Singles in die Top10 der deutschen Verkaufshitparade einzusteigen. Insgesamt brachten es seine Singles auf 169 Wochen in der offiziellen nationalen Hitparade, und das in nur vier Jahren. Als Xavier im Sommer 2001 mehrere Duette in Folge produzierte, stand der Name Xavier Naidoo mit bis zu vier Titeln gleichzeitig auf der Liste von Media Control.

Solch ein immenser Erfolg verschafft selbstredend auch Neid, die Medien wussten oft nicht, wie sie mit dem »Phänomen Xavier Naidoo« umgehen sollten und beschimpften ihn als »Wanderprediger« oder »berechnenden Missionar in Sachen platten Glaubensbekenntnis«, wie es das Szene-Magazin *Prinz* im Juli 2001 ausdrückte.

Gleichzeitig bescheinigte ihm jedoch *Der Spiegel* schon viel früher, dass Naidoo »die These von einer haltlosen, sich nach Spiritualität sehnenden Generation« umzusetzen vermag.

Vermutlich liegt die Wahrheit in diesem Fall irgendwo in der Mitte. Tatsache ist, dass Xavier sich selbst nie groß in seinem Größenwahn wie in seiner Bescheidenheit verändert hat. Das bestätigt Thorsten Riehle, Geschäftsführer des Mannheimer Veranstaltungstempels Capitol, der Xavier bereits seit 1992 kennt. »Bei unserer ersten Begegnung war Xavier ein völlig normaler Kerl, sehr offen und sympathisch. Diesen Eindruck hatte ich bei den Proben zum Musical ›Moses‹, da lief er mir über den Weg. Xavier war schon damals nicht arrogant, sondern immer äußerst bodenständig. Daran hat sich im Laufe unserer Bekanntschaft nie etwas geändert. Er wusste nur stets, wohin sein Weg ihn führen soll.«

Thorsten Riehle bezeichnet sich nicht als Freund Naidoos, aber »ein guter Bekannter bin ich bestimmt von ihm«, meinte er in einem im Januar 2002 geführten Gespräch. »Xavier habe ich all die Jahre unserer Bekanntschaft als einen zutiefst optimistischen, selbstbewussten und positiv denkenden Menschen erlebt. Er hat seinen kleinen Kreis von Freunden, den er sich immer beibehalten hat und vermutlich stets beibehalten wird. Er ist ein Mensch, der niemals seine alten Freunde vergisst, der auch immer seine alten Bekanntschaften pflegt. Er hat sich praktisch nicht verändert in den letzten zehn Jahren.

Höchstens, dass es schwerer ist, an ihn ranzukommen, da er so unglaublich beschäftigt ist. Doch wenn man Xavier dann trifft, sieht man ihm dies nach.« Gleichzeitig gesteht Riehle Xavier zu, dass er »in Glaubensfragen einen äußerst festen Standpunkt bezieht. Der Glaube, das ist sein Leben, da bin ich mir sicher«. Riehle mag evangelisch getauft sein, doch er bezeichnet sich als »alles andere als einen super-religiösen Menschen. Und deshalb kann ich seine Aussagen, was den Glauben betrifft, auch nicht sonderlich gut beurteilen. Sie klingen interessant in meinen Ohren, doch wie groß ihre Bedeutung ist, weiß ich nicht einzuschätzen. Xavier ist absolut stur, was religiöse Angelegenheiten angeht. Wir haben nächtelang über Glaubensfragen diskutiert, er ist darin völlig unbeirrbar, lässt sich nicht beeinflussen. Doch ich wiederum habe mir nach Diskussionen mit Xavier Gedanken über Religiöses gemacht. Weil er so unglaublich überzeugend argumentieren kann. Er wirkt ein auf seine Gesprächspartner, keine Frage. Das macht vermutlich einen wichtigen Teil dessen aus, warum er eine Menge Leute so fasziniert«.

10.
Live On Stage:
Der moderne Prediger
des Deutsch-Soul

Die ganze Klasse des Sängers Xavier Naidoo erlebt man nur, wenn man ihn auf der Bühne sieht. Da stimmt jede Bewegung, es sitzt jeder Ton, und fast jeder Song wird zum Volltreffer. Man hat immer das Gefühl von Einzigartigkeit, weil er seine Texte bei jedem Auftritt neu interpretiert. Diese intuitive Art zu singen, mit den Vokalen zu jonglieren, sie zu dehnen und spontan in eine andere Tonlage zu transportieren macht die Qualität großer Soulsänger aus – von Solomon Burke, Sam Cooke und Otis Redding über Aretha Franklin, James Brown, Michael Jackson und Prince bis zu den Damen von Destiny's Child, D'Angelo, Alicia Keys … und Xavier Naidoo. In dieser illustren Reihe ist der Sohn Mannheims gut aufgehoben, denn »Emotionalität und Modulierbarkeit seiner Stimme sind live so beeindruckend ausdrucksvoll wie auf CD«, schwärmte die *Süddeutsche Zeitung*.

Doch die warme, variable Stimme macht das Live-Phänomen Xavier Naidoo nicht allein aus. Seine gewaltige Bühnenpräsenz verdankt er auch seiner Art, sich zu bewegen. Die seltenen tänzerischen Einlagen rufen meist euphorisches Kreischen seiner Fans hervor. Schon, wenn er zu langsamen Rhythmen die Gesten nur andeutet, wirkt er mitreißend. Dieser Effekt steigert sich noch, wenn Xavier die Rap-Gäule durchgehen und er mit klassischem Hip-Hop-Gefuchtel auch ohne Hundert-Liter-Hose pure Energie rauspowert. Dass er bei all dem auch noch verdammt gut aussieht – egal ob mit Mütze und T-Shirt zur Cargo-Jeans oder als Schlips-und-Anzugträger –, schadet der Wirkung des Ex-Models nicht. Auch als er längst Dauergast in den Charts war, markierte er trotz aller Ohnmachtsanfälle weiblicher Fans vor der Bühne nie den großspurigen Superstar. Sehr genau trifft er die richtige »Mischung aus Coolness und Spannung, die Soul und R&B brauchen« (*Berliner Morgenpost*). Das fast ungläubige Staunen über tosenden Jubel und die offenkundige Liebe des Publikums hat ein Westernhagen auf Tourneen schon in den achtziger Jahren zur Kunstform erhoben, die inzwischen bestenfalls noch abgeklärt wirkt. Bei Xavier Naidoo scheint es der natürlichste Impuls der Welt zu sein, wenn er seinen rasenden Fans ein »Ihr seid ja verrückt!« zubrüllt. Anders könnte er sie ja wohl kaum noch übertönen. Und die gelegentlichen »Ausziehn!, Ausziehn!«-Rufe der jungen holden weiblichen Fans sorgen weniger für ein breites Rockstar-Grinsen, als für wohlerzogene Verlegenheit: »Wenn das unsere Mütter hören würden!« Mama Eugene würde wahrscheinlich lachen.

Von diesen Qualitäten konnten sich schon Sabrina Setlurs Fans auf der »S-Klasse-Tour 1997« überzeugen. Die

Art und Weise, wie Xavier dabei aus dem Schatten des Background-Chors hervortrat und »Freisein« zu seinem eigenen Stück machte, ebnete ihm nicht umsonst den Weg an die Spitze der deutschen Pop-Szene. Sein enormes Talent auf der Bühne war natürlich schon vorher unüberhörbar und legte auch den Grundstein für die Zusammenarbeit mit seinem späteren Kompagnon Michael Herberger. »Dass Xavier Naidoo ein ganz Großer werden würde, war mir sofort klar, als ich ihn zum ersten Mal singen hörte«, erinnert sich der musikalische Direktor der Söhne Mannheims an sein erstes Live-Erlebnis mit ihm. Der ambitionierte Komponist und Arrangeur war mit sehr gedämpften Erwartungen in eine Aufführung von »Human Pacific« gegangen: »Ich dachte anfangs, ich sitze hier in der 25. Reihe im Mannheimer Rosengarten bei einem mittelmäßigen Musical, dessen Musik vom Band kommt. Dann höre ich auf einmal jemanden singen, der so exorbitant raussticht, dass ich mir dachte: Das gibt's nicht. Das muss vom Band kommen. Als ich gemerkt habe, dass Xavier wirklich live singt, war ich platt. Ein einschneidendes Erlebnis.«

Die größten Erlebnisse verschafft Naidoo seinen Fans wohl bei Heimspielen, vor allem im Mannheimer Capitol. Nirgends ist er häufiger aufgetreten als in dem ehemaligen Kino in der Waldhofstraße, das im Rhein-Neckar-Raum die beste Live-Atmosphäre bietet. Meist steht sein ganzer Freundeskreis auf der Gästeliste, Mama Eugene sorgt für das Catering und selbst gebackene Kekse nach südafrikanischem Rezept. Kein Wunder, dass Xaviers Begrüßung im breitesten Mannheimerisch ausfällt: »Isch bin widder dahähm.« Dabei muss man die echten Mannheimer bei diesen rasend schnell ausverkauften Kultkonzerten meist mit der Lupe suchen. »Wer iss aus Mannem?«, fragt Xavier bei so ziemlich jedem Auftritt in der Quadratestadt – und bekommt erstaunlich wenig Resonanz. »So sind se halt, die Mannheimer. Während sich ganz Deutschland Karten fürs Capitol bestellt, denken die immer: Na ja, es wird schon noch was an der Abendkasse geben«, seufzt er auf der Bühne.

Seiner Performance schadet das natürlich nicht. Das kann man auch heute noch auf Xaviers zweitem 3p-Album »Live« hören, das im November 1999 erschien und acht Stücke vom Capitol-Gig am 15. Dezember 1998 enthält. Den Rest hat Edo Zanki bei einem Festival-Auftritt im Juli in Rastatt aufgenommen. Der Song »Bis an die Sterne« wurde für die gleichnamige Live-Single kurz darauf in Travemünde mitgeschnitten. 3p wollte mit »Live« dokumentieren, dass Xavier Naidoo »kein Retortenprodukt, kein geklontes Popwesen, sondern schlichtweg einzigartig« ist, wie Produktmanager Ocky Cho zur Veröffentlichung der Platte schrieb. »Und deshalb haben wir uns dazu entschlossen, die Live-Aufnahmen nicht zur absoluten Perfektion zu überarbeiten. Ohne Feinschliff, sozusagen als Rohdiamant. Zwar mit einigen Unreinheiten, aber dafür Xavier Naidoo pur.« Die Platte sollte auch noch den letzten Rest der deutschen Pop-Welt davon überzeugen, dass hier kein weichgespülter Schlagersänger gut 300 000 Leute bei siebzig Konzerten von den Stühlen gerissen hatte. Sie gefiel dann sogar dem wählerischen *Rolling Stone,* der staunte, wie gekonnt der Teenie-Schwarm den Soul-Mann heraushängen lassen kann: »›Nicht von dieser Welt‹ kann man nach den fast achtzig ›Live‹-Minuten getrost dem nächstbesten Bibelkreis in den Klingelbeutel werfen.«

Ähnlich ungeschminkt, aber musikalisch und klanglich weniger gelungen, ist der Mitschnitt des Naidoo-Auftritts beim Hessentag am 14. Juni 1999 in Baunatal. Zusammen mit Xaviers ersten Video-Clips findet man ihn auf der DVD »Nicht von dieser Welt«, die 3p im Dezember 1999 auf den Markt brachte. Mit relativ bescheidenem Erfolg. »Wer hatte damals auch schon einen DVD-Player?«, relativiert Xavier Naidoo bei einem unserer Interviews die mäßige Nachfrage und stutzt: »Ich habe sie selbst nicht mal«. Aber wenn man den Entstehungszeitpunkt bedenkt, ist die üppig ausgestattete DVD durchaus ihr Geld wert. Und sie vermittelt einen sehr authentischen Eindruck von Xavier Naidoo live auf dem Höhepunkt seines Erfolges – auch wenn er etwas abgespannt wirkt und die Gastspiele der 3p-Rapper Illmat!c und Bruda Sven überdosiert sind. Interessant ist vor allem der Kontrast zwischen dem routinierten Superstar auf der Bühne und dem jungen Mann, der gut zwei Jahre zuvor noch etwas ungelenk Interviews für die Making-Ofs seiner Videos gibt.

Doch der größte Star ist nichts ohne seine Mannschaft:

Naidoo profitierte von einer exzellenten Band, bei der Ex-Rodgau-Monotones-Gitarrist Ali Neander die meiste Routine und vor allem »unplugged« viele Glanzlichter beisteuerte. Schlagzeuger Ralf Gustke, spätestens seit seiner Arbeit mit Chaka Khan ein anerkannter Meister der vertrackten Beats, leistete zusammen mit Bassmann Willy Wagner und DJ Billy T. Davis den größten Beitrag zu dem organischen Klasse-Sound der Tournee, der das »Nicht von dieser Welt«-Studiomaterial noch veredelte. Der Turntablerocker und der Vorzeigedrummer bilden nicht umsonst auch heute noch das Rhythmusgerüst der Söhne Mannheims. Dazu kamen die vollen Keyboard-Sounds Mathias Lebers und ein dreistimmiger Background-Chor mit ähnlichem Sprungbrettcharakter wie bei Sabrina Setlur. Auch wenn Linda Carriere und J-Luv bisher nicht in Naidoosche Karrieredimensionen vorstoßen konnten, sind sie nach wie vor Hoffnungsträger im 3p-Talentestall. Die gebürtige Londonerin Carriere machte im Februar mit ihrer eindrucksvollen Soulstimme bei der deutschen Vorausscheidung zum Grand Prix eine exzellente Figur.

Zusammen mit Kerstin Pfau beweisen sie bei der A-capella-Einlage »Nur die Stimmen«, was für eine Dynamik gut gesungene Gospelsongs auch außerhalb von Harlem entfalten können. Und der gelernte Gospelchormann Naidoo ist bei dem Medley aus »Sometimes I Feel Like A Motherless Child«, »Joshua Fit The Battle Of Jericho« und »Amen« voll in seinem Element, oder besser, in einem seiner vielen Elemente. Denn bei einem Spielchen mit dem Chor demonstrierte Xavier im Capitol seine Spontaneität und Vielseitigkeit: Immer wenn er bei Bill Withers' Soul-Klassiker »Ain't No Sunshine« einsetzen will, kommt ihm eine der Begleitstimmen zuvor. So ergibt sich zunächst ein musikalisches Durcheinander, bevor das Quartett den Song zur Begeisterung der Fans perfekt zu Ende bringt. Höhepunkte der »Nicht von dieser Welt«-Konzerte sind die meist aufwendig orchestrierten Superhits »Sie sieht mich nicht«, »Führ mich ans Licht« mit seinem prachtvollen Bass-Intro, die Kombination von »Freisein« und dem David Bowie/Pat Metheny-Song »This Is Not America« sowie »Ernten was man sät«. In dieser Uptempo-Nummer demonstriert Xavier, dass er auch eine fantastische Rockröhre im Repertoire hat. Die intimsten Stücke sind aber die besten: »Ich kann Dich sehen« scheint unter dem Bühnenlicht sehr viel heller als im Studio, weil sich der »Messias mit dem Mikrofon« voll und ganz in diese Liebeserklärung an seinen Gott hineinsteigert. Die Pianoballade »Sag es laut« ist ebenso innig und ernst gemeint, auch wenn sie nicht dem Herrn gewidmet ist – »für meine Steffi«, haucht Xavier im Capitol. Und dann zeigt er, was ihn zu einem wirklich großen Sänger macht: jede Menge Gefühl.

11.
Mannheim das neue Jerusalem:
Der Star und seine Stadt

»Meinen Sie das wirklich?«, staunte Alfred Biolek im
März 1999, als sein Talk-Gast Xavier Naidoo, der frisch
gebackene Shootingstar des deutschen Pop, in »Boulevard
Bio« eine schwärmerische Liebeserklärung an seine Heimatstadt abgab. Tatsächlich hat Mannheim überregional
ein Imageproblem, gilt als dreckstarrende Industriestadt
mit hoher Arbeitslosigkeit, in der vor allem die Krimi-
nalitätsstatistik boomt. Doch der prominenteste Sohn
Mannheims wird nicht müde, die Vorzüge seiner Vaterstadt hervorzuheben. »Meine Stadt«, einer seiner ersten
selbst geschriebenen Songs, ist ihr gewidmet:

>*Wo steht Dein Haus und wo ist Dein Garten Eden*
Brauch ich nicht, ich mach die schönsten Fahrten
Durch mein Land und für meine Leute
Heute hier und morgen da
Doch ich lauf niemals Gefahr
Zu bleiben dort, wo sie nicht ist
Setz ich mir nur 'ne kurze Frist
Denn meine Stadt ist meine Frau,

Der ich alles anvertrau
Glaube mir, ich bleibe hier.«

»Ich dachte, so was wie Herbert Grönemeyers ›Bochum‹ braucht Mannheim auch, eine Hymne, die sich in den Köpfen der Leute einnistet«, sagte Xavier schon im April 1997 vor der Premiere des Songs im Eisstadion dem *Mannheimer Morgen*. Und formulierte eines der ambitionierten Ziele, die er mit seiner Karriere verfolgt: »Am Ende soll auf jeder Wetterkarte in der ganzen Welt ›Mannem‹ zu lesen sein.«

Dass es sich bei dieser innigen Beziehung um mehr als nur 08/15-Lokalpatriotismus handelt, wurde spätestens Ende November 2000 klar, als Naidoo seine Vision von Mannheim als neuem Jerusalem erstmals öffentlich machte. Den folgenden Text brachte er sowohl als Presseinformation als auch im Booklet des Söhne-Mannheims-Debütalbums »Zion« unter die Leute:

»Bereits Silvester 1992/93 wurde mir durch Ereignisse in mir drin und um mich herum klar gemacht, dass wir uns auf dem Zion, dem heiligen Berg (Heidelberg, Königsstuhl) befinden. Das neue Jerusalem würde viereckig angelegt sein als Quadratestadt, als sternförmige Planstadt mit hundertvierundvierzig einzelnen Vierecken. Mannheim und einhundertvierundvierzigtausend Auserwählte würden in den Genuss kommen, dort zu leben. Ich brauchte Jahre, um das zu verdauen, und Jahre, um daran glauben zu können.«

Die musikalische Version dieser Vision findet sich auf seinem Doppelalbum »Alles für den Herrn/Zwischenspiel«: »Sie ist im Viereck angelegt, Offenbarung 21,16, zu meinen Gunsten ausgelegt, hab ich Zion als Erster gesehn«, singt Xavier mit Beats und Trompeten in »Sie ist im Viereck angelegt«. Tatsächlich verfügt die Mannheimer Innenstadt über einen ungefähr sternförmigen Grundriss, der aus 144 Quadraten besteht. Obwohl die Stadt seit ihrer Gründung Anfang des 17. Jahrhunderts nach einem Entwurf des pfälzischen Kurfürsten Friedrich von so ziemlich jedem Krieg schwer verwüstet wurde, blieb dieses Renaissance-typische Gitternetz erhalten. Die Nummerierung der Quadrate richtet sich nach dem Mittelbau des Schlosses: Zieht man von dort eine Linie bis zum gegenüberliegenden Neckarufer, finden sich rechts die Quadrate A bis K, links L bis U. Von dieser Hauptachse ausgehend, werden die – eigentlich eher rechteckigen – Quadrate noch mit Nummern bezeichnet, so dass sich »Straßennamen« wie R1, U2 oder B3 ergeben. Auch neun Jahre nach seiner Vision bezeichnete Naidoo in einem der Gespräche für dieses Buch die Vorstellung vom neuen Jerusalem als seinen »größten Motor«: »Wenn mich bei der Bibellektüre in dieser Silvesternacht die Geschichte mit Silvanus nicht schon so gekickt hätte, wäre ich nach dem 21. Kapitel der Offenbarung endgültig von den Socken gewesen.« Johannes beschreibt dort das neue Jerusalem als viereckig angelegte Stadt. »Und ich lebe schließlich in einer viereckigen Stadt. Ich habe mich da nur gefragt: Warum habe ich das noch nie gehört? Das müsste doch normalerweise das Aushängeschild für Mannheim sein – und sei es nur, um Touristen anzulocken. Dann habe ich mich da reingekniet.« Später entdeckte er in der Bibel noch weitere Hinweise auf Mannheim: »Das Buch Ezechiel endet zum Beispiel damit, dass das neue Jerusalem ›Hier ist der Herr‹ heißen soll. Und wenn man da eins und eins zusammenzählt, ist klar, dass keine Stadt so heißen wird. Aber ›hier ist der Mann zu Hause, hier ist das Heim des Mannes‹ – da kann man schon auf Mannheim kommen ...« Außerdem fände man in den Buchstaben der Mannheimer Quadrate, die von A1 bis U6 gehen, alle Stämme Israels wieder. »Das Automobil ist hier erfunden worden und das Fahrrad – Mannheim ist so wichtig für die Welt, wie wir sie kennen. Inzwischen sind hier alle Kulturen versammelt. Wir haben alles, was uns vom Globalen zum Lokalen führt«, schwärmte Naidoo in einem Interview mit Michael Pilz von der *Welt* im Frühjahr 2002 über die Stadt von Friedrich Schiller, Karl Benz und Karl von Drais.

Die Reaktionen auf die Naidoo-Offenbarung von der auserwählten Stadt an Rhein und Neckar fielen durchwachsen aus. Manche erklärten ihn für verrückt, andere lachten. »Ich habe aber auch von Leuten gehört, die deswegen nach Mannheim gezogen sind. Andere interessiert das gar nicht. Mir war immer nur wichtig, dass ich das gesagt habe. So muss ich mir nicht von US-Rap-Crews anhören, dass New Jersey oder New York das neue Jerusalem sind.« Aber Xavier hat mit seiner Heimstadt auch sehr viel weltlichere Dinge vor. In »Meine Stadt« beschreibt er diese Pläne ganz konkret:

> *»Sie hat mich herzensgut betreut*
> *Ich habe keinen Tag bereut*
> *Hier geboren lebte gut bis hier und heut*
> *Doch jetzt wird's noch besser, ich werd zum Geldfresser*
> *Für meine Stadt, die alles für mich tat*
> *Jetzt geb ich was zurück ...«*

Hinter der Gründung der Firma Söhne Mannheims mit eigenen Studios und Vertrieb steht genau dieser Antrieb. »Meine Generation sollte es geregelt kriegen, kapitalistisches Denken zu vereinbaren mit dem, was um uns herum passiert. Wenn sich alle von denen, die sowieso mit ihren Firmen organisieren und planen müssen, nebenher um eine soziale Einrichtung kümmern würden, hätte 'ne Stadt wie Mannheim mit Sicherheit keine Probleme: Ich bin sicher, wir könnten jedes hungrige Maul – und die haben wir in Mannheim – stopfen. Das ist ja auch noch so 'n Ding: Die Stadt ist derart verschuldet, dass du weißt, du kannst von niemandem fordern: Mach mal da 'nen Kindergarten auf und da einen, weil die Kohle nicht da ist. Deswegen sag` ich immer: Ich muss so reich werden, wie's geht, weil ich mit jeder Mark was anfangen kann«, formulierte er schon im Juli 1999 im Interview mit Georg Spindler vom *Mannheimer Morgen* seine Zielsetzung. Im *Rolling Stone* ging er noch einen Schritt weiter: »Natürlich will ich Milliardär werden« – vor allem um den zehnstelligen Schuldenberg seiner Heimatstadt abzutragen. »Wenn man merkt: Hier muss 'n Kindergarten gebaut werden, und es ist keine Kohle da, dann haben eben die Söhne Mannheims die Kohle.«

Das soziale Engagement der Musiker wird von dem als Stiftung gedachten Verein »Söhne Mannheims e.V.« koordiniert. Erster Vorsitzender ist Naidoos langjähriger Freund Tobias Fouquet, der seit Sommer 2001 zahlreiche soziale Einrichtungen und Projekte im Rhein-Neckar-Delta abklappert. »Wir müssen natürlich erst mal prüfen, wen wir fördern wollen.« Bis dahin hatten die Söhne zum Beispiel den Familien krebskranker Kinder unbürokratisch unter die Arme gegriffen: »Wir arbeiten dabei mit dem Mannheimer Klinikum zusammen. Es muss nicht immer Geld sein. Da bei uns ziemlich viel praktisch veranlagte Leute mit im Boot sind, haben wir auch einfach mal bei Reparaturen angepackt«, erzählte Fouquet. Ansatzpunkte der weiteren Arbeit sollen unter anderem die Eingliederung straffällig gewordener Kinder und Jugendlicher, Streetwork oder Hilfe für Obdachlose durch Kleidung und Verpflegung sein. Das erste Benefizfestival im September 2001, bei dem neben den Söhnen auch der Tennis-Bundesligist Grün-Weiß Mannheim und die Profis vom SV Waldhof mitmachten, »war nur der Anfang«, versprach Fouquet. Dass die Söhne auch als Trikotsponsor einer Jugendmannschaft des chronisch klammen Fußball-Zweitligisten auftreten, erwähnte er gar nicht erst.

Aber Xavier Naidoo war auch angetreten, um in seiner Heimatstadt Arbeitsplätze zu schaffen: Das fing an mit sechs Jobs bei der Söhne-Mannheims-GmbH und hat sich mit der Zahl seiner Firmen ausgeweitet. Nach dem Vertrieb DKSMS, dem Musikverlag Edition Wort und dem alternativen Auto-Verleih Mannheim Mobiles gründete er die Booking- und Veranstaltungs-GmbH Plan Quadrat, für seine Solo-Aktivitäten die Xolo GmbH (Naidoo Records) und beteiligte sich an der Mannheimer Musik-Plattform (MMP GbR) der Familie Zanki.

Ende 2001 ging die Gastronomie-Gesellschaft »Unser« an den Start, die Naidoo als einer von vier Teilhabern mit betreibt. »Was ich auf jeden Fall verbesserungswürdig finde, ist das Nachtleben in Mannheim und Umgebung. Ich sehe das ja alles, Heidelberg, Ludwigshafen und so weiter, irgendwie als eine Stadt. Da kann man mit Sicherheit mit mir und meinen Partnern rechnen«, versprach der geschäftstüchtige Sänger. Als Anfang einer möglichen Kette von Kneipen eröffneten die vier Mitte Januar 2002 das Bistro »Unser« in der Ludwigshafener Rohrlachstraße. Der Boutique »M« mit Söhne-Mannheims-Merchandising in Heidelberg-Rohrbach folgte ebenfalls im Januar 2002 der Kleiderladen »Harwearster« im Mannheimer Stadthaus N1. Naidoos Mit-Gesellschafter und Geschäftsführer James Dellis erzählte bei der Eröffnung dem *Mannheimer Morgen*, dass dort nicht nur die Klamotten der bekanntesten deutschen HipHopper verkauft werden, »sondern auch unsere eigene Marke«: Kapuzenpullis, Mützen, Jacken und T-Shirts mit einer 70er-Disco-Queen als Logo und »Harwearster« als Name. Ein Wortspiel aus Harvester (Erntearbeiter) und »Wear« (Kleidung). »Denn jeder ernte, was er sät, oder trage, was ihm steht«, bediente sich Dellis aus dem Naidoo-Vokabular. Xavier sang bei der Eröffnung unplugged und erzählte seinen Fans, dass er mit dem Laden den Kontakt zur HipHop-Community pflegen will: »Zurück zu den Wurzeln.«

Warum er sein Geld ausschließlich im Rhein-Neckar-Dreieck arbeiten lässt, erklärte er in einem der Interviews für »Seine Wege«: »Ich habe keinen Bock, in irgendwas anderes zu investieren als in Mannheim. Du unterhältst Dich immer wieder mit Bankern. Die machen viel Blahblah, hätten da ein Objekt in München oder irgendwelche Baufonds. Das interessiert mich alles nicht. Wenn ich das nicht in Mannheim sehen kann, will ich es gar nicht sehen.«

Aber ganz uneigennützig ist dieses Engagement nicht immer: Als die öffentlichen Wege mangels Führerschein für ihn tabu waren, besorgte sich Xavier Naidoo kurzerhand seine eigenen Straßen – und kaufte die Mannheimer Kartbahn. Im »Power-Car Motodrom« auf der Friesenheimer Insel konnte er so viel fahren, wie er wollte – auf 5000 Quadratmetern mit zehn Kurven, sechs Kehren und einer 511 Meter langen Strecke. »Wir haben große Pläne«, sagte Geschäftsführer Max Utech, der zugleich auch Leiter des Fuhrparks der Söhne Mannheims ist, dem

Mannheimer Morgen. »Wir wollen hier auch Konzerte veranstalten«, freute sich Xavier. »Dann lassen wir es ordentlich krachen.«

Die Devise »Act local, think global« verloren die Söhne bei aller Konzentration auf ihre Heimatstadt aber nicht aus dem Auge. Nach der Veröffentlichung von »Zion« schaltete die Naidoo-Firma Anfang Dezember 2000 eine nicht ganz billige ganzseitige Anzeige in der *Faz*, in der die Werbebotschaft für ihr Debütalbum nur ganz am Rande Platz hatte. Stattdessen richtete Naidoo einen flammenden Appell an die Autoindustrie, namentlich die Herren Piëch (VW), Milberg (BMW), Schrempp (Daimler-Chrysler), Hendry (Opel) und Scheele (Ford):

»Sehr geehrte Damen und Herren
der von uns hochgeschätzten deutschen
Automobilindustrie und Zulieferer,

man kann es drehen, wie man will: Es stehen wieder absatzschwache Jahre an. Trotz der bevorstehenden Erschließung der neuen asiatischen Märkte, wird es sehr schwer werden, die Gewinne der Vergangenheit zu halten. Außerdem kriselt es ja innerhalb unserer eigenen Grenzen ja nicht zu knapp – und das nicht nur wirtschaftlich ...

Was tun?

In der Hoffnung eines noch klareren Bekenntnisses zum Standort Deutschland, sprechen wir Sie, die wahren ›Bosse‹ des Landes, an ...

Bitte verlegen Sie nicht noch mehr Ihrer Geschäfte ins Ausland!

Verlassen Sie nicht das sinkende Schiff! Lassen Sie uns versuchen, den ›Karren aus dem Dreck‹ zu ziehen! Wir sind dazu bereit! Lassen wir die Haushaltsdebatten (Debakel) hinter uns!

Unsere Vorschläge hören Sie – wenn Sie möchten – auf dem Tonträger »ZION«!

Hochachtungsvoll
Ihre Söhne Mannheims
P.S.: Sie kaufen unsere CD. Wir kaufen Ihre Autos, wie immer!«

Sympathisch, aber »folgenlos«, wie die *Faz* selbst zwei Monate später schrieb.

Die handelsüblichen Klischees eines Popstar-Daseins erfüllt Naidoos Alltag in seiner Heimatstadt sicher nicht – von seinem Auto-Tick vielleicht einmal abgesehen. Er geht selbst einkaufen, bewegt sich ganz normal durch die 320 000-Einwohner-Stadt und wohnte bis Ende 2001 zusammen mit Freundin Steffi in einer Mietwohnung im wenig flippigen Vorort Wallstadt – fast Tür an Tür mit Mama Eugene. Die Zeiten, als scharenweise Fans das Domizil ihres Stars belagerten, sind inzwischen vorbei. Erst vor kurzem hat die Familie eine neu gebaute Penthouse-Wohnung bezogen. Dass er weitgehend unbehelligt seiner Wege gehen kann, verdankt der Sänger wohl genau dieser demonstrativ zur Schau gestellten Normalität. Vor einem Konzert im Capitol plaudert er vor der Eingangstür mit Freunden und Bekannten, verabredet sich zum Kochen und ist einfach locker. Wenn jemand vorbeifährt, hupt, winkt und kreischt, hat der Wagen mit Sicherheit kein »MA«-Kennzeichen. Denn die meisten Mannheimer nehmen ihren bekanntesten Sohn nicht unbedingt als Star wahr. »Du glaubst doch nicht, dass ich in meiner eigenen Stadt mit Bodyguards unterwegs bin. Und für was auch? Hier in Mannheim sagen die Leute doch noch am ehesten: ›Ah, der Naidoo schon wieder‹«, meinte Xavier. Kleine Sicherheitsmaßnahmen treffe er aber schon: »Wenn ich ein Riesenrudel von Teenies sehe, laufe ich zwar trotzdem da lang, gucke aber kurz weg. Man scannt die Fußgängerzone schon ein bisschen. Aber ich habe wirklich kein Problem mehr damit – auch nicht in anderen Städten.«

Der Erfolg von Xavier Naidoo und den Söhnen Mannheims hinterlässt auch in der Musikszene der gesamten Region Spuren. »Das Jahr 2000 wird als denkwürdige Zäsur in die Pop-Annalen der Rhein-Neckar-Region eingehen. Denn die Musikszene aus der Kurpfalz fand, nach langer Zeit sträflicher Missachtung, endlich die verdiente bundesweite Resonanz«, bilanzierte Georg Spindler im *Mannheimer Morgen*. Gleich fünf Bands oder Künstler seien bei namhaften Firmen untergekommen: die Mardi Gras BB und der Soul-Sänger Laith Al-Deen (»Bilder von dir«) aus Mannheim, der Rapper Torch, die Lounge-Pop-Gruppe De-Phazz mit Karl Frierson und die Alternative-Metal-Combo Thorn Eleven aus Heidelberg. Im Jahr zuvor hatte schon die Rhein-Neckar-Combo Liquido mit ihrem Riesenhit »Narcotic« Naidoo Konkurrenz um die Spitzenplätze der Charts geliefert. Eine gewisse Sogwirkung der Naidooschen Dauerkarte für die Hitparaden war nicht zu übersehen.

Inzwischen wundert es niemand mehr, dass fast die komplette Grönemeyer-Band um Gitarrist Stephan Zobeley oder »Popstars« wie Bro'Sis-Rapper Shaham aus dieser Gegend stammen, dass deutsche Topstars bei Söhne-Mannheims-Drummer Ralf Gustke Schlange stehen oder sich die halbe Naidoo-Truppe unter der Regie von SM-Keyboarder Florian Sitzmann auf der neuen Nena-CD verewigt. »Ich habe mich neulich mit Sasha darüber unterhalten: Wenn der einen Gitarristen sucht, muss er jemanden einfliegen und vorspielen lassen. Ich rufe für die Produktion meines Solo-Albums einfach nur ein paar Leute an und frage, wann sie Zeit haben«, schwärmt Rolf Stahlhofen über das breite Angebot von Musikern in Mannheim und Umgebung.

Das erinnert Georg Spindler an die Glanzzeiten der lokalen Szene in den siebziger Jahren, als Gruppen wie Joy Unlimited, Kin Ping Meh, Tritonus und Nine Days Wonder Mannheim als Rock-Metropole bekannt machten. In den achtziger und neunziger Jahren setzten sich trotz einer blühenden Independent-, Underground- und Techno-Szene nur die Jule-Neigel-Band (»Schatten an der Wand«), Edo Zanki, die Soul-Pop-Formation Six Was

Nine, die Heidelberger Deutsch-Rap-Pioniere Advanced Chemistry (»Fremd im eigenen Land«) und die Wieslocher Ska-Päpste The Busters überregional durch – zumindest in ihren stilistischen Sparten. Dazu kamen namhafte US-Importe wie Chaka Khan (»Ain't Nobody«) oder Sidney Youngblood (»If Only I Could«). Dass deutscher HipHop schon Mitte der Achtziger, lange vor den Fantastischen Vier, von Künstlern wie Advanced Chemistry oder den Stieber Twins an der Internationalen Gesamtschule in Heidelberg quasi erfunden wurde, fand in den Medien nicht statt. Genauso wenig wie die Tatsache, dass der Mannheimer Milk!-Club eine der Wiegen des europäischen Drum & Bass war. Seit Mitte der Neunziger werkeln viele Musiker aus dem Rhein-Neckar-Delta nicht mehr selbstversunken im abgeschotteten Proberaum vor sich hin, sondern tauschen sich in teilweise umwerfend guten Session-Bands wie The Wright Thing regelmäßig aus. »Bei Jason Wright haben Xavier und ich uns auch kennen gelernt, ein Duett gesungen, bei dem es richtig knallte, und uns dann über Söhne Mannheims unterhalten«, liefert Rolf Stahlhofen einen Beleg für die Wirksamkeit dieser musikalischen Kontaktbörsen.

»Dass Mannheim jetzt neben den Metropolen auf der Landkarte der deutschen Popszene auftaucht, hat natürlich viel mit Xavier Naidoo zu tun«, erzählte Markus Sprengler in einem Gespräch für dieses Buch. Der Sänger der Busters ist der einzige deutsche Popstar in Amt und Würden: »Seit Februar 2001 bin ich Rock- und Popbeauf-

Foto-Shooting für
Xavier Naidoos neues
Doppelalbum
»Zwischenspiel/Alles
für den Herrn« in
Israel. (Naidoo
Records)

Oben links:
Xavier Naidoos Promo-Foto
für das Musical »Human
Pacific«. (Geri Music)

Oben Rechts:
»Dany« grübelt, wie er sein
Volk aus der
Gefangenschaft führen
kann. (Geri Music)

Links:
In »Human Pacific« spielt
Xavier den Dany, eine
Reinkarnation des
Propheten Daniel/
Frühjahr 1996.
(Geri Music)

Rechts:
»Dany« in edler
Abendgarderobe.
(Geri Music)

Xavier Naidoo beim Interview im Juli 1999. (Markus Proßwitz)

Xavier Naidoo, DJ Billy Davis, Rolf Stahlhofen und Michael Herberger im Spätsommer 1999. (Markus Proßwitz)

Die Söhne proben vor dem Start ihrer Deutschland-Tournee am 27.02.2000 in Mosbach den Ernstfall. (Markus Proßwitz)

Die Söhne Mannheims 1999. (Söhne Mannheims/Jörg Steinmetz)

Mai 2000. Xavier Naidoo und Sabrina Setlur bei der Verleihung der Laureus Sports Awards in Monte Carlo. (GES – Sportfoto)

tragter der Stadt Mannheim mit einer Dreiviertelstelle.« Der Erfolg der Söhne Mannheims habe ihm quasi die Türen ins Rathaus geöffnet: »Dadurch, dass Xaviers Projekt Mannheim so stark in den Vordergrund stellte, war die Stadt fast gezwungen, das Thema Pop in Angriff zu nehmen und zu fördern.« Wenn jetzt mehr Talentscouts in der Gegend vorbeischauen, nütze ihm das bei der täglichen Arbeit, zum Beispiel der Beratung von Newcomern oder Existenzgründern im Musikbereich, aber eher wenig – »zumal täglich fünf Menschen bei mir anrufen, die irgendetwas von Xavier Naidoo wollen.« Sprengler erinnerte daran, dass das Rhein-Neckar-Dreieck schon lange vor Xavier Naidoo eine äußerst attraktive Musikszene hatte: »Die gab es schon immer. Nur schauen jetzt mehr Leute hin. Und Mannheim ist ja auch nicht nur eine Deutsch-Soul-Stadt« Als historische Figur decke Xavier Naidoo aber bereits jetzt einen großen Teil des stilistischen Spektrums des Deltas ab: »Schließlich hat er in einem Techno-Club an der Tür gestanden und seine ersten Erfolge als Musical-Star gefeiert.«

Sänger und Multiinstrumentalist Laith Al-Deen (»Bilder von Dir«) gehört wie Naidoo oder Ayman (»Du bist mein Stern«) zu den Protagonisten des German-Soul-Booms. »Xavier Naidoo hat angefangen, diese Straße zu bauen«, gestand der Sohn eines Irakers und einer Deutschen in Anspielung an dessen Hit »Seine Straßen« dem *Mannheimer Morgen*. »Er hat R&B-Feeling rübergebracht, aber auch viele HipHopper haben dazu beigetragen.« Entdeckt wurde Al-Deen im Vorprogramm von Xavier Naidoo: Als Sänger des Frankfurter Duos Vega sorgte er im September 1999 bei den Talentsuchern von Epic für gespitzte Ohren. Naidoo habe ihn aber »nicht wirklich« beeinflusst. »Ich singe schon seit zehn Jahren Soul«, stellt er klar. »Mein Gesang ist klar geprägt von alten Soul-Scheiben, die meine Mutter früher immer hörte, und von Leuten wie Robert Palmer oder Seal.«

Joy Fleming, der Inbegriff der Mannheimer Rock- und Bluesröhre und damit eine Art Urmutter der Söhne Mannheims, kann mit dem Senkrechtstarter nicht so wahnsinnig viel anfangen. »Zu Naidoo habe ich keinen Kontakt. Ich stehe mehr auf Edo Zanki, der hat schon vor zwanzig Jahren wie der Xavier gesungen. Mit dem würde ich jederzeit ein Duett machen«, antwortete die bodenständige Sängerin nach der Vorausscheidung zum Grand Prix 2001 auf die Frage, ob sie sich ein kurpfälzisches Duo vorstellen könne. Dagegen würde Pop-Veteran Sidney Youngblood liebend gern einmal mit Xavier oder den Söhnen arbeiten: »Viele kritisieren ihn wegen seiner Lebensweise, aber Musik ist universell und seine ganz besonders. Nur das zählt.« Christian von den Stieber Twins, selbst eine Ikone der deutschen Underground-HipHop-Szene, sieht das Naidoo-Phänomen weniger global: »Als Lokalpatriot freue ich mich über jeden Interpreten, der unsere Sprache spricht. Aber vor allem lieben wir Jungs mit Straßen-Abi – und das hat Xavier.«

Mannheims Oberbürgermeister Gerhard Widder weiß,

was er an Xavier Naidoo hat. Trotz aller Negativschlagzeilen im Jahr 2000 ließ er die Söhne Mannheims für den Neujahrsempfang der Stadt im Rosengarten engagieren, »um auch den jungen Leuten etwas zu bieten«. Dass der Söhne-Frontmann zu dem Zeitpunkt wegen Drogenmissbrauchs und diverser Verkehrsdelikte vorbestraft war, störte das Stadtoberhaupt wenig: »Mit dem Gesetz in Konflikt zu kommen kann doch im Prinzip jedem mal passieren. Und man muss bei Xavier Naidoo bedenken, dass sein enormer Erfolg ihn quasi aus dem Nichts in die Umlaufbahn katapultiert hat – und das ohne Raumanzug.« Er würde sich wünschen, dass andere Vertreter seiner Stadt – vor allem aus der Wirtschaft – »den Namen Mannheim ähnlich offensiv in die Öffentlichkeit tragen würden wie Xavier Naidoo und seine Band.« Im Amt für Wirtschaftsfördung ist der musikalische Multi-Unternehmer längst ein gern und häufig gesehener Gast. Inzwischen verteilt die Stadt bei offiziellen Anlässen wie der Hauptversammlung des Deutschen Städtetags sogar eine eigens gepresste CD. Natürlich »Meine Stadt«, das sich nicht zuletzt wegen seiner Passagen auf gut Mannemerisch allmählich zur Hymne der Quadratestadt entwickelt und auch vor den Heimspielen des SV Waldhof die kickenden Söhne Mannheims beflügeln soll:

»Mit unsam Dialekt halb Deitschland erschreckt,
Wann isch jetz vun da sing, zollt jeda dir Respekt.«

12.
Fahren und Fasten –
Xavier Naidoos Wege
zur Gottesfurcht

»Alles für den Herrn« ist für Xavier Naidoo keine leere Floskel. Wer ihn verstehen will, muss wissen, dass der Glaube an Gott das Leben des Mannheimer Soulmanns bestimmt. Das ist keine Masche, sondern absolut ernst gemeint. »Erst kommt Gott, dann lange, lange nichts«, ist die Maxime, die nicht nur den Alltag des Sängers, sondern auch ganz wesentlich den Inhalt der Songs von »Nicht von dieser Welt«, »Zion« und »Alles für den Herrn« prägt. In der Öffentlichkeit nutzt er deshalb auch fast jede Gelegenheit, zu seinem Glauben Stellung zu nehmen. Naidoo legt dabei besonderen Wert darauf, dass er mehr als nur gläubig ist: »Ich bin weder religiös noch fromm. Mit Religion und der Kirche habe ich nicht mehr viel zu tun … Ich bin wissend. Ich weiß, dass es Gott gibt. Ich glaube da nicht nur dran«, betonte er in einem Gespräch mit der *Frankfurter Rundschau*. Derart feste Überzeugungen bleiben nicht ohne Wirkung – sei es auf die Fans, die auf der Homepage der Söhne Mannheims zum Teil sehr erstaunliche spirituelle Diskussionen führen, sei es auf das direkte Umfeld des Mannheimers: »Seit 1998 bin ich sehr in meinem Glauben gewachsen, wie ich es mir vor zehn Jahren nie hätte vorstellen können – nicht zuletzt dank der Auseinandersetzung mit Xavier«, berichtet Söhne-Keyboarder Michael Herberger. Seine Begründung: »Xavier lebt seinen Glauben einfach sehr aktiv vor, wenn auch mit sehr vielen Vor- und Nachteilen. Was zum Beispiel weltliche Dinge angeht. Die darf man nicht immer vernachlässigen, weil sie auch für den Glauben wichtig sind.«

Aber obwohl er es durchaus gerne hört, dass man seinen Vornamen wie »saviour« (Messias, Erlöser) ausspricht, erhebt Xavier Naidoo keinen Anspruch darauf, der allein selig machende Weisheitenverkünder zu sein: »Ich will bei niemandem den Eindruck hervorrufen: Das ist der einzige Mensch für Glaubensfragen. Wenn meine Texte zur Bibel werden oder ich zum Gepriesenen – das kann ja nicht sein. Dann ist was falsch gelaufen.«

Dass derartige Botschaften aus dem Munde eines Popstars in Deutschland einiges Befremden auslösen, war Xavier Naidoo früh klar. Deshalb hat er die meisten seiner Texte bewusst doppeldeutig gehalten. Wenn man sich aber die Popgeschichte genauer anschaut, ist Naidoos Glaubensoffensive keineswegs so exotisch, wie sie hier zu Lande von vielen gesehen wird. Fast alle Blues- und Soulstars, aber auch manche HipHop-Größe aus den USA preisen unentwegt den Herrn – von John Lee Hooker über James Brown bis Michael Jackson. Prince macht sich öffentlich für die Zeugen Jehovas stark, Soul-Legende Al Green ist sogar vom Sänger zum Prediger geworden, wäh-

rend sich Sir Cliff Richard wie der deutsche Golfer Bern-
hard Langer Anfang 2002 an einer Werbe-Kampagne für
eine umstrittene US-Kirche beteiligte.

Am 16. Oktober 2001 gab der »Jesus der Hitparaden«
den bisher tiefsten und vollständigsten Einblick in seine
Gedankenwelt. Zusammen mit den Söhnen Mannheims
Billy Davis und Michael Herberger, die zu seinen engs-
ten Freunden zählen, las er vor ausverkauftem Haus im
Deutsch-Amerikanischen Institut (DAI) in Heidelberg in
der Reihe »Mein Lieblingsbuch«. Natürlich aus der Bibel.
Doch die drei beschränkten sich nicht auf bloßes Zitieren.
Vor allem Xavier Naidoo erläuterte sehr detailliert, wie
und warum die Bibel seinen Alltag bestimmt. Dabei wurde klar, dass er sich sein Glaubensgebäude nach einer sehr
eigenen Architektonik zusammengezimmert hat – frei
nach der Van-Morrison-Methode »No Guru, No Me-
thod, No Teacher«.

Am Anfang ging es bei der Bibellesung noch ziemlich
lustig zu, als die drei Hauptdarsteller über ihre Nervosität
witzelten: »Wir hätten uns nie träumen lassen, dass mal so
viel Leute kommen, um uns lesen zu hören. Wir hätten
auch viel lieber gesungen und musiziert ...«, leitete Xavier
unter dem Gelächter der Zuhörer aus allen Altersklassen
den Abend ein. Dann erzählte er von seinem einschneidenden Erlebnis am Silvesterabend 1992/93. Bis dahin
war ihm das Buch der Bücher immer zu komplex und zu
schwierig gewesen. Aber in den folgenden Jahren intensi-
ver Lektüre kam ihm häufig der Gedanke: »Schon sehr

seltsam, was da los ist mit den Zahlen. Alles ist in Kapitel unterteilt und mit Buchstaben gekennzeichnet, alle paar Worte kommt eine neue Zahl. Da muss doch irgendetwas dahinter stehen. Ich wollte immer mal irgendwelche mathematischen Genies, die in meiner Umgebung umherwandeln, damit beauftragen, das zu enträtseln.« Aber dann bekam er ein Buch geschenkt, das ihm die Augen öffnete: »Der Bibel Code«, ein Bestseller des US-Journalisten Michael Drosnin aus dem Jahr 1997. »Das habe ich in zwei Tagen durchgelesen«, berichtete Xavier Naidoo. Drosnin schildert, wie der israelische Mathematik-Professor Eli Rips 1994 einen in der Bibel versteckten Code entdeckte, der zukünftige Ereignisse vorhersagt – zum Beispiel den Holocaust, Kennedys Ermordung oder das Attentat auf Israels Premierminister Rabin. »Der Bibel Code wurde in der hebräischen Originalversion des Alten Testaments entdeckt, also in der ersten Niederschrift der Bibel ... Der Code selbst ist ökumenisch, sein Inhalt für jedermann bestimmt. Dennoch findet er sich nur im Hebräischen, der Sprache, in der die Bibel ursprünglich verfasst wurde«, schreibt Drosnin. Der erste Hinweis auf einen Code sei bereits vor mehr als fünfzig Jahren von einem Rabbi aus Prag entdeckt worden. Er hatte bemerkt, dass sich durch das Überspringen von jeweils fünfzig Buchstaben zu Beginn der Genesis das Wort »Thora« ergab. Später fand man mit Hilfe von Computern Codes, die auf der Aneinanderreihung jedes vierten, zwölften oder fünfzehnten Buchstaben zu einem Wort basieren.

»Überspringt man jeweils dieselbe Anzahl von Stellen ..., ergibt sich eine verschlüsselte Nachricht ... Namen, Daten und Orte, die gemeinsam codiert sind«, so Drosnin. »Das funktioniert wie ein Kreuzworträtsel«, erklärte Xavier Naidoo, »waagrecht, senkrecht oder diagonal findet der Computer Worte – Rabin, das Datum seines Todes und der Name seines Mörders. Sehr unwahrscheinlich, dass das Zufall ist. Die Wissenschaftler haben das auch an anderen Büchern wie ›Krieg und Frieden‹ getestet – ohne Ergebnis.« Der Sänger räumte ein, dass es »mittlerweile Gegendarstellungen und Leute gibt, die sagen, dass Drosnins Buch nicht der Wahrheit entspricht. Aber das sagen ja auch viele von der Bibel.« Er ist sich ganz sicher, dass so etwas wie der Bibel-Code existiert.« Ob das der Wahrheit entspricht, muss jeder für sich selbst entscheiden.«

Dann erzählte Xavier, wie der Umgang mit Zahlen seinen tagtäglichen Umgang mit dem gedruckten Wort Gottes bestimmt. Auf einer Tournee im März 1999 in der Schweiz feierte der Star nicht etwa rauschende Aftershow-Partys, sondern fuhr jede Nacht mit dem Auto in die Berge und wartete auf den Sonnenaufgang. »Auf den Fahrten habe ich oft Bibelseiten nachgeschlagen, die ich auf Schweizer Nummernschildern gesehen habe. In dieser Zeit habe ich natürlich nicht viel schlafen können – weil ich immer die halbe Nacht durchgemacht habe und dann wieder ein Konzert hatte. Nach ein paar Tagen war ich schon ziemlich schwach, aber doch noch wach. Ich habe auch nicht viel gegessen, wenn überhaupt.« Das sei eine ganz wichtige Erfahrung, die auch Jesus gemacht habe. »Und viele andere, die von Visionen sprechen. Das waren keine Männer mit voll geschlagenem Bauch. Die haben wirklich an einem Ort ausgeharrt und gewartet, was Gott für sie bereithält. Ich selbst hatte noch keine Vision, aber doch ein ähnliches Erlebnis.«

Es war bei einer Fahrt auf den Gotthard. »Der zieht mich natürlich schon wegen seines Namens magisch an«. Naidoo und sein Beifahrer übersahen auf ihrer Fahrt die extrem enge Passstraße hinauf alle Schilder, die davor warnen sollten, dass der Pass gesperrt war. Als es nicht mehr weiterging, mussten die beiden die ganze Strecke rückwärts zurückfahren. Naidoo erinnerte sich, dass ihm schon auf dem Hinweg ein riesiges Schneeräumfahrzeug aufgefallen war. »In einer grellen Farbe mit riesigen Stahlscheiben vorne dran. Also ein ganz schön Angst einflößendes, großes Teil. Links ging es ziemlich steil bergab. Alles war zugeparkt, und die einzige Stelle, an der ich nach dieser ganzen Rückwärtsfahrt wenden konnte, war genau vor diesem Schneeräumfahrzeug. Also standen wir dann mit eingeschaltetem Xenon-Licht, das noch etwas krasser strahlt als unsere normalen Scheinwerfer, vor dem riesigen Fahrzeug. Wir waren ja wie gesagt schon einige Tage auf den Beinen und dachten: ›Woah! Ist ja krass, wie das aussieht.‹ Wir waren fasziniert. Aber es ist uns, ehrlich gesagt, auch ein Schauer über den Rücken gelaufen.«

Auf der Fahrt den Pass hinunter erlebten Xavier und sein Freund sozusagen ihr »Wunder«: »In meiner alten

Angewohnheit, Zahlen, die ich lese, in der Bibel nachzuschlagen, stieß ich dann auf eine Höhenangabe. Wir waren auf 1541 Metern. Und sobald ich die Zahl 41 höre, denke ich an Jesaja. Weil Jesaja mein Lieblingsprophet ist. Dann habe ich die Zahlen einfach umgedreht und zu meinem Beifahrer gesagt: ›Schlag mal auf: Jesaja 41, 15.‹ Er fing dann erst für sich an zu blättern. In einer verängstigten, aufrüttelnden Stimme hat er dann laut gelesen. Die Stelle hieß: ›Ich mache Dich zu einem Dreschschlitten. Mit neuen scharfen Zähnen. Berge und Hügel wirst Du dreschen und zu Staub zermahlen.‹ Mir sind die Tränen aus den Augen geschossen. Wir waren fix und fertig und sind wie die aufgescheuchten Hühner von dem Berg runtergefahren. Denn wie so oft, wenn Propheten davon reden, dass sie Gott ziemlich nah waren, überkommt sie eine riesige Gottesfurcht. Sie wollen nur auf die Knie fallen und im Boden versinken. Genauso ging's mir da auch.«

Wieder im Tal angekommen, war die Sonne inzwischen aufgegangen. Das aufgescheuchte Duo fuhr durch Airolo in ein Tal, in dem die Spuren der verheerenden Lawinen des Winters 1998/99 nicht zu übersehen waren. »Die Berghütten und Strommasten lagen, wie zu Staub zerbröselt, im Tal«, sah Xavier sofort eine Verbindung zu seinem visionsähnlichen Erlebnis auf dem Pass. »Da wird einem klar, dass Gott nicht nur Gutes, sondern auch solche Momente für uns bereithält. Wo er seiner Wut freien Lauf lässt. Wir haben gesehen, dass er Berge zermalmt. Das war ein wirklich sehr krasses Erlebnis. Eins von vielen, das ich mittlerweile hatte.«

Fahren und Fasten sind also wesentliche Bausteine von Xavier Naidoos Glaubensgebäude. Die traditionelle Kirche und ihre Symbole gehören nicht dazu – trotz seiner römisch-katholisch geprägten Jugend, in der er auch Messdiener war. »Als ich mich dann so sehr in die Bibel vertieft habe und gelesen habe, was da steht, kam ich nicht mehr klar mit dem, was ich damals gelernt hatte. Oder mit dem, was mir meine Mutter geraten hat: ›Wenn Du das Problem hast, dann betest Du zu diesem Heiligen, oder wenn Du in der Situation bist, dann betest Du zu dem heiligen Soundso.‹ Aber ich glaube, es kann nicht sein, dass wir ersatzweise Bilder oder Holzfiguren anbeten, obwohl uns nicht erlaubt ist, ein Bildnis von Gott zu machen. Wenn in der Bibel von Götzen die Rede ist, ist ein Götze genausogut das Kreuz, das in der Kirche an der Wand hängt. All diese Figuren, der Rosenkranz, den die Oma runterbetet – das kann's nicht sein. Es ist nicht möglich, dass unsere Taten und unsere Vergehen durch das Runterbeten von einem Rosenkranz passé sind. Oder dass Maria für uns fürbittet. Wir haben so viel Möglichkeiten, Gott im normalen, täglichen Leben zu finden, dass wir keine hölzernen Statuen, Bilder oder was auch immer an seiner Stelle brauchen. Und ich bin mir auch sicher, dass ihm sehr daran gelegen ist und ein Großteil unseres Heiles davon abhängt, dass wir von all den Sachen in Zukunft Abstand nehmen«, führte Naidoo im klassischen Predigerstil aus.

Für ihn seien die Prioritäten in seinem Leben klar verteilt: »Für viele Menschen ist die eine oder andere Sache das Wichtigste – die Playstation oder Geld. Aber das Wichtigste muss ganz klar Gott sein. Danach kommt lange nichts. Dann man selbst. Du kannst nur jemand anderen lieben, wenn Du Dich selbst liebst. Natürlich ist es wichtig, für sich und andere sorgen zu können. Dazu gehört Geld. Aber sobald mir dieses Geld so wichtig ist, dass ich mich um nichts anderes mehr kümmern kann, haben wir das alte Problem.« Zur Erläuterung zitierte Naidoo aus der Bibel: »Ohnmächtige Menschen sind alle, die Götzenbilder herstellen. Und auch die schönen Bilder sind ohnmächtig…« Wie kann man so töricht sein, sich einen Gott machen, sich ein Götterbild gießen zu lassen, ein Bild, das doch nicht helfen kann? Die Handwerker, die es erstellen, sind ja auch nur Menschen.« Aus solchen Passagen erklärt sich seine Abneigung gegen den Starkult um seine Person: »Mein Alptraum ist, dass ich in ein Zimmer geh von einem Mädchen, und da ist mein Konterfei an der Wand abgebildet. Es kann doch nicht angehen, dass jemand anfängt, mich zu verehren. Einen Menschen in diesen Stand zu erheben – so etwas will ich nicht in den Leuten hervorbringen.« Das ist auch der Grund, warum Xavier Naidoo seit Sommer 1999 keine Autogramme mehr gibt.

Um seine Ablehnung gegen jede Art von Götzenverehrung ganz klar zu machen, griff er bei der Heidelberger Bibelstunde zu einem sehr drastischen Vergleich: »Ich will niemanden angreifen, der ein Kreuz um den Hals trägt. Aber: Wenn Jesus auf dem elektrischen Stuhl gestorben wäre, hätten wir dann alle einen elektrischen Stuhl um den Hals, oder was?« Um diese Position zu verdeutlichen, erzählte er von einer kleinen Marienkapelle in der Nähe des pfälzischen Städtchens Neustadt. Dort stehe ein Kreuz mit einem Spruch: »Nicht das Holz bete an, sondern den, der darauf sein Leben ließ. Das macht für mich viel Sinn.«

Gegen Ende nahm der Abend im DAI eine apokalyptische Wendung, die – vor allem, weil die Terroranschläge des 11. September nur ein paar Wochen zurücklagen –, viele Zuhörer ziemlich verstörte. Die drei Söhne Mannheims zitierten mehrere Bibelstellen rund um das Jüngste Gericht und die Vorzeichen des Weltendes. Darin wird »zum Sturm geblasen auf die befestigten Städte und hohen Türme«, »die Menschen werden vor Angst vergehen und wie Blinde umhertappen, ihr Blut tränkt den Staub, ihre Eingeweide liegen im Straßenkot.« Die schrecklichen Bilder der Explosionen im World Trade Center ließen unschön grüßen.

Unter dem Eindruck dieser beunruhigenden Bibelstellen, wirkte Xavier Naidoos Schlusswort auf manche Zuhörer regelrecht schockierend: »Natürlich richten wir alle unsere Augen im Moment, ich wollt jetzt nicht Amerika sagen, sondern auf Jerusalem. Für mich ist unser aller Schicksal eng mit dem Schicksal Jerusalems verknüpft. Aber Hoffnung besteht insofern, dass mit Sicherheit jeder, der demütig und in einem ruhigen Moment auf die Knie fallen kann, seine Arme emporhebt und bittet und betet, Gott in diesen Tagen erfahren kann. Denn das, was wir jetzt erleben, ist für mich auf jeden Fall ein Zeichen, dass wir uns in den letzten Tagen befinden. Nicht, weil man das in der Bibel lesen kann. Das haben schon vor zweitausend Jahren die Jünger gedacht. Aber ich gebe eins zu bedenken: Die Tage, in denen wir jetzt leben, von denen hat Gott gesagt, dass die Sonne rot untergeht, dass der Mond vor Scham rot am Himmel steht. Die Sonne ist vor hundert, hundertfünfzig Jahren noch nicht rot untergegangen. Es ist aber ein Zeichen dafür, dass das, was in diesen Tagen passiert, uns darüber Aufschluss gibt, dass wir die Möglichkeit haben werden, Gott selbst zu sehen.« Dazu muss man wissen, dass Naidoo davon ausgeht, seinem Herrn noch zu Lebzeiten ins Auge blicken zu können. »Ich habe eine große Hoffnung, dass Gott ein lebendiger Mensch ist, wenn ich nach seinem Abbild geschaffen worden bin. Nun will ich nicht, wie die katholische Kirche sagt, darauf warten, zu sterben«, sagte er einmal in der Sendung des TV-Journalisten Hanno Gerwin.

In Heidelberg nahm er zum Schluss Gedanken auf, die er in Songs wie »Armageddon« schon publikumswirksam formuliert hatte: »Alles was jetzt passiert, diese ganzen Stürme, bereitet uns eigentlich darauf vor, dass das Schlechte ein Ende nimmt. Und das ist natürlich sehr hart für uns alle. Denn das Schlechte kommt ja auch aus jedem von uns. Das ist, wie wenn Gott sagt, ich werde Euch läutern wie Gold und Silber. Eine sehr chemische, schmerzhafte Prozedur. Ich glaube, wir haben in den letzten Tagen alle genug Schmerzen erlebt und Angst bekommen. In diesen Tagen, in denen die Sonne sich rot verfärbt und der Mond vor Scham rot am Himmel steht, in denen wir von Kriegen in aller Welt hören, da kann man mir auch sagen: Krieg hat es immer gegeben. Aber vor zweitausend oder zweihundert Jahren hat man nicht gewusst, ob in Südamerika oder zwischen irgendwelchen australischen Stämmen Krieg herrscht, dass da Menschen sterben. Jetzt gibt es die Möglichkeit, es zu wissen. Und in diesen Tagen, in denen wir von Kriegen in aller Welt hören, beschreiten wir die letzten Tage.«

Nachdem dieser starke Tobak einigermaßen verdaut war, machte Xavier Naidoo klar, dass diese Überzeugung untrennbar mit seiner Arbeit als Sänger, Songschreiber und Musiker zu tun hat: »Deswegen ist es mir in meinen Liedern so wichtig, davon zu singen und zu versuchen, die Leute aufzuwecken, so dass sie in sich selbst suchen. Denn der Thron Gottes steht entweder in unserem Herzen oder in unserem Gehirn.«

Schließlich gab er den Zuhörern einen persönlichen Rat mit auf den Weg: Man müsse sich Zeit für sich und für Gott nehmen. »Nicht an einem Sonntag, nicht in der Kirche. Einfach mal eine Woche, oder zwei, drei kaum etwas essen, vielleicht sogar, wenn's geht, gar nichts, die Bibel aufschlagen, die Psalme lesen, ganz schwach sein. Dann wird man eine wirkliche, ehrliche, ernste Gottesfurcht erleben, die einem die Freudentränen in die Augen treibt. Die einen Sachen erfahren lässt, bei denen man merkt: Aaah, so ist das gemeint. So ist mein Leben also angelegt. Da habe ich den Sinn des Lebens entdeckt.« Für ihn bestehe er darin, »Lieder zu schreiben, in denen ich Gott preise. Wir können uns glücklich schätzen, dass wir das tun dürfen und den Leuten näher bringen können, dass am Ende von dieser grausamen Periode Gott steht, der uns in die Arme nimmt, wenn wir dafür bereit sind.«

Das Echo auf diesen Abend voller endzeitlicher Visionen war geteilt. Die Zuschauer stürmten anschließend fast die Bühne, um mit den drei predigenden Musikern zu diskutieren. Die katholische Kirche warnte davor, »Bibelstellen allzu wörtlich zu nehmen und den Leuten zu drohen: Wenn ihr nicht betet, trifft Euch das Unheil«, meinte Josef Szuba, Generalvikar von Speyer. »Die Apokalyptik will nicht mit der Angst spielen, sondern zeigen, dass die zerstörerischen Kräfte nicht so stark sind wie die Hoffnung auf das Reich Gottes.« Der *Mannheimer Morgen* gestand den Söhnen zu, dass die Lesung gezeigt habe, wie groß der Diskussionsbedarf um sinnstiftende Grundwerte sei: »Nostradamus hat Hochkonjunktur, durchs Internet geistern die merkwürdigsten Theorien, und fast jeder ist nach den Terroranschlägen vom 11. September verunsichert und empfänglich für Botschaften, die dem Unbegreiflichen einen Sinn geben könnten.« Problematisch sei aber, dass der charismatische Popstar sich nach wie vor weigere, seine enorme Wirkung jenseits der Bühne zu berücksichtigen. »Wenn Naidoo seine Wirkung unkalkuliert einsetzt, können auch die Folgen unberechenbar sein. Nicht nur in den Schlagzeilen.« Wer erlebt hat, wie überzeugt – und damit auch für viele überzeugend – der Sänger seine Thesen vertritt, wird das nachvollziehen können.

13.
Rückzug ins Kollektiv:
Die Erfolgsgeschichte
der Söhne Mannheims

»Im Winter 1995, nach einer Aufführung des Musicals
›Human Pacific‹, spürte ich, dass ich meinem Freundes-
kreis, der sich fast vollständig neu aufgebaut hatte, einen
Namen geben musste: Söhne Mannheims. Wir waren sie-
ben: Wittemann, Eisenmann, Davis, Herberger, Landeck,
Fouquet und ich.« So beschreibt der Gründer der Söhne
Mannheims auf der Homepage www.soehne-mann-
heims.de den Beginn einer beispiellosen musikalischen
Erfolgsgeschichte - und den Start seiner zweiten Karriere.
Nach langem Zögern erzählte er diesen sechs von seiner
Vision, in der Mannheim als neues Jerusalem auftaucht.
»Sie waren offen genug, mir zuzuhören, jeder aus seinem
eigenen Grund, aber sie horchten auf, als es um unsere
Stadt ging. Ich versuchte alles, was ich herausgefunden
und herausgehört hatte, in die Waagschale zu werfen, und
sie fingen an zu grübeln«, erzählt Naidoo weiter. Nach
monatelangen Diskussionen voller Zweifel »wuchsen wir
– im Glauben an uns selbst, im Glauben an diese Stadt,
diesen Plan und daran, dass es einen einzigartigen Schöpfer geben muss, der die Letzten zu Ersten macht. Wir wa-

ren Arbeitslose, Faulenzer, Kiffer – eben nichts Rühmliches in den Augen dieser Gesellschaft. Und ausgerechnet wir erfuhren es als Erste. Der Himmel schien die Erde zu berühren.«

Doch die Keimzelle der Söhne Mannheims beschäftigte sich nicht nur mit Glaubensfragen, sondern wurde Gott sei Dank auch musikalisch aktiv – im Kellerstudio von Claus Eisenmann, damals ein gefragter Elvis-Imitator und Fasnachtsaktivist, und in Michael Herbergers Küche. Der spätere musikalische Direktor der Söhne erinnert sich gerne an diese Zeit: »Billy kam damals mit seinem Turntable vorbei und hat auf meinem Küchentisch ein paar Sachen eingescratcht. Das war sensationell.« Seinen späteren Kompagnon hatte der studierte Biologe schon viel früher auf einer Party kennengelernt. »Ich war gerade von einem Praktikum am Londoner Tropeninstitut zurückgekommen und sah noch englischer aus, als man mir das eh schon immer nachsagt.« Xavier sprach ihn deswegen auf Englisch an und erklärte seinem künftigen musikalischen Direktor, wo das Bier steht. »Wie ist denn der drauf, habe ich nur gedacht«, erinnert sich Herberger. Trotzdem fanden sie musikalisch zusammen und starteten gemeinsam das regional erfolgreiche »Musical-Project«. »Später, Ende 1995/96, als die Söhne-Mannheims-Vision in Xavier gärte und die ersten Demos unter anderem mit ›20 000 Meilen‹ und ›Meine Stadt‹ aufgenommen wurden, haben wir uns in der Mannheimer Innenstadt-Kneipe ›Broker's Inn‹ mit Claus Eisenmann und einem Gitarristen an einen

Tisch gesetzt und unsere erste Zusammenarbeit beim »Musical-Project« festgeklopft.«

Im Studio der befreundeten Musiker von Highlander in Reilingen hatte Naidoo die ersten Song-Entwürfe zusammengepuzzelt. »Michael Herberger komponierte und arrangierte, ich machte die Beats, komponierte Gesangsmelodien und schrieb Texte. Billy erhielt den Auftrag, alle Tracks mit den nötigen Cuts und Scratches zu unterlegen. Wir fanden einen Titel nach dem anderen – eine gute Zeit«, fand Xavier. »Die Playbacks von Reilingen wurden im Frühjahr 1997 unter anderem für zwei Auftritte verwendet – in Mannheim vor dem Eisstadion und in Planckstadt. Damals haben gesungen und gerappt: Claus Eisenmann, Xavier, Tobias Fouquet, Ingo Landeck und Uli Wittemann. Billy Davis hat dazu gescratcht«, berichtete Herberger. Im Eisstadion präsentierten die Ur-Söhne Anfang Mai 1997 auch ihre erste CD namens »Kwadrate«, die aber nie im großen Stil in den Handel kam.

Nachdem im Frühjahr 1999 die Promotion-Arbeit für sein sensationell erfolgreiches Debütalbum »Nicht von dieser Welt« getan war, machte der frisch gebackene Shooting-Star Naidoo Gebrauch von einer Freistellungsklausel, die er für die Arbeit mit den Söhnen in den Plattenvertrag mit 3p hatte einarbeiten lassen. »Die Tracks für unsere erste Söhne-Mannheims-CD konnten wir dank Edo Zanki, den ich über seine Frau Isabella (ehemalige Tourmanagerin 3p) kennen und schätzen lernte, perfekt aufnehmen.« Dabei entstanden erste Layouts von Songs wie »Dein Glück liegt mir am Herzen«, »Jah Is Changing All« oder »Volle Kraft voraus«.

Michael Herberger versuchte für dieses Buch die Arbeitsweise des Kreativ-Duos Naidoo/Herberger zu charakterisieren: »Edo Zanki hat das gut umschrieben. Wie wir uns die Bälle zuspielten, sei ein Faszinosum. Man kann kaum sagen, dass es bei uns festgelegte Strategien gibt. Im Prinzip reagieren wir immer auf die Ideen des anderen, fügen etwas hinzu, auf das der andere dann wieder reagiert. Eine Art Schneeballeffekt.« Man fühlt sich dabei an die Rollenverteilung in verschiedenen prominenten Songwriter-Paarungen erinnert. Wie bei Lennon/McCartney, Jagger/Richards oder Axl Rose/Slash ergibt sich auch bei den Söhnen Mannheims eine fruchtbare Balance aus kreativem Chaos und schöpferischer Ordnung. Einerseits der gut strukturierte musikalische Direktor Herberger mit Hang zur Perfektion, dort der vor Einfällen übersprudelnde, sprunghafte Charismatiker Naidoo. »Natürlich haben wir gute Vorsätze gefasst, alles was wir schreiben, sofort festzuhalten, um später daran herumzufeilen. Aber Xavier ist oft mehr daran interessiert, neue Sachen zu schreiben, als alte fertig zu machen. Im Endeffekt haben wir aber fast die ganze SM-Platte in zwei Wochen in Edos Studio geschrieben«, fasste Herberger mit einem leichten Seufzer zusammen.

Von ihrem allerersten großen Live-Auftritt wurden die Musiker wenige Tage nach dem Studioaufenthalt bei Zanki und Co. regelrecht überrumpelt. Sie sollten bei einem Benefizfestival am 13. Mai 1999 zugunsten des vom Krieg gebeutelten Kosovo als einer der Top-Acts im Mannheimer Rosengarten auftreten. Unter dem Motto »Help!« hatten Musiker aus der Quadratestadt fast die komplette Szene des Rhein-Neckar-Deltas zusammengetrommelt, darunter auch Deutschrock-Star Jule Neigel. Bei dieser Gelegenheit entstand die Band, wie wir sie heute kennen.

»Über unsere Entstehungsgeschichte kursieren die wildesten Gerüchte. Da muss ich mal gegensteuern und die Legendenbildung reduzieren«, sagte Michael Herberger bei unserem Gespräch für dieses Buch. »Das Help!-Festival kam schon drei oder vier Tage, nachdem wir im ganz kleinen Kreis beim Edo mit unseren Aufnahmen begonnen hatten. Um eine Band zusammenzukriegen, habe ich die Musiker angerufen, die mir spontan einfielen: Schlagzeuger Bernd Herrmann, Bassist Robbee Mariano, Andreas Bayless als Gitarrist, Rolf Stahlhofen. Michael »Kosho« Koschorreck hatte das Konzert mit organisiert, und wir haben ihn dann eingeladen, mit uns zu proben.« Vor der ersten Probe wurden CDs verschickt, um die Musiker mit den Songs vertraut zu machen. »Die Proberei war damals von sehr viel Spaßfaktoren und interessanten frohsinnsbefördernden Mitteln begleitet. Aber es hat wunderbar gegroovt. Bernd Herrmann und ›Kosho‹ haben zusammen sensationell funktioniert, das hat mich schon sehr beeindruckt«, erinnert sich Herberger. Damit war klar, dass mit »Kosho« und Bayless zwei Gitarristen dabei sein würden. »Da ich gerne das Geschehen auf der Bühne beobachte, während ich spiele, habe ich mir einen zweiten Keyboarder gewünscht«, erklärt der am 25. Dezember 1971 geborene Musiker und Ur-Großneffe des legendären Fußball-Bundestrainers Seppl Herberger aus Mannheim. So kam Florian Sitzmann zu den Söhnen. »Wir kannten ihn, weil er bei Xaviers Auftritten beim Echo und ›Top Of The Pops‹ das Orchester von ›Sie sieht mich nicht‹ dirigiert hatte.«

Der gelungenen groovenden Generalprobe folgte eine ziemlich katastrophale Premiere. Der Gedanke daran schüttelte Herberger noch anderthalb Jahre später: »Wir waren extrem schlecht vorbereitet. Außerdem gab es diese Lieder eigentlich noch gar nicht so richtig. Dann hat man sich schnell auf die Bühne gestellt und Songmaterial gespielt, das noch überhaupt nicht ausgereift war. Undenkbar!« Die Tiefpunkte sind auch heute noch für Lacher in der Truppe gut: »Bei dem sehr vertrackten Beat von ›Jah‹ ist der Bernd Herrmann komplett rausgekommen. Der ganze Song war dementsprechend im Arsch. Und bei ›Dein Glück‹ hatte er in der Probe immer die Tendenz, schneller zu werden.« Da Bass und Schlagzeug meistens aufeinander abgestimmt spielen, bekam Robbee Mariano den Job, den Drummer zu bremsen. Er sollte ihn immer angucken, wenn das Tempo mit ihm durchging. »Aber der Herrmann hatte sich für den Abend so viel vorgenommen, dass er das Stück viel zu langsam gespielt hat, und Robbee hat ihn deshalb dauernd angeguckt. Da hat Bernd gedacht: ›Scheiße, ich bin zu schnell‹ und wurde noch langsamer. Es war das Grauen schlechthin. Unfassbar! Ich war echt froh, als ich von der Bühne gehen konnte.« Auch Rolf Stahlhofen hat nur mäßige Erinnerungen an das musikalische Desaster im halbvollen Rosengarten: »Es waren ja alle Musiker der Gegend, die Jungs von Grönemeyer und die Jule-Neigel-Band hinter der Bühne und wollten schauen, was wir draufhaben. Du kannst dir ja vorstellen, wie die gefeixt haben.«

Aber obwohl alle das Debüt »richtig Scheiße« (Herberger) fanden, dachte keiner ans Aufgeben. Stattdessen wuchs die Band mit der Zeit nicht nur zusammen, sondern wurde auch immer größer. Es kamen Ralf Gustke, der Drummer aus Xavier Naidoos Live-Band, 3p-Hoffnungsträger J-Luv, die Sänger Tino Oac und Patrick Caputula, der grandiose Rapper Jah MC sowie die Rasta-Fraktion Marlon B, Jah Meek und Uwe »Banton« Schäfer dazu. Söhne, so weit das Auge sieht – groß wie ein Heer (frei nach »20 000 Meilen«). »Das ging am Anfang völlig fatalistisch zu. Wenn es hieß: ›Den wollen wir mitnehmen‹, haben wir gefragt: ›Haste Lust?‹ Dann gab's Handshakes anstatt Verträge, und wir nahmen die Leute mit oder riefen sie an, wenn wir sie brauchten. Im Endeffekt waren sie dann fest dabei,« erklärte Michael Herberger. Das erste offizielle Mannschaftsfoto der Söhne zeigte stolze 17 Köpfe. Die Band sollte aber offen bleiben – speziell für andere Stimmen. So wurden unter anderem Edo Zanki, The-Wright-Thing-Frontmann Joe Whitney,

Rapper Metaphysics und der Pfälzer Aaron Neville »Butch« Williams zu Adoptiv-Söhnen Mannheims. Naidoo sieht die Band prinzipiell als offenes Projekt, selbst die 3p-Erzfeinde Smudo oder Thomas D von den Fantastischen Vier wären willkommen, sagte er dem *Rolling Stone*.

Trotzdem herrscht ein deutlich spürbarer Gemeinschaftsgeist in der Mammutband. Der nicht zuletzt aus einer finanziellen Regelung resultiert, die wie vieles bei den Söhnen Mannheims alles andere als branchenüblich ist. »Bei uns kriegt jeder das gleiche Geld – fast immer«, erzählte Herberger seinem staunenden Gesprächspartner. »Ich lege die Preise fest, spreche mit unserem Label Söhne Mannheims ab, was es zahlen soll, rede aber auch mit den Musikern.« So wurden eventuelle Konflikte im bis zu zwanzigköpfigen Kader mit ganz unterschiedlichen »Spielanteilen« im Keim erstickt: »Es war von Anfang an sehr förderlich für das Gesamtbefinden, dass jeder das Gleiche verdient. Ganz ehrlich, wenn der Xavier, die Galionsfigur der Söhne Mannheims, und ich, der die meiste Arbeit mit dem ganzen Krempel hat, beide sagen, jeder bekommt dasselbe, dann kann sich keiner beschweren.«

Dass die Söhne Mannheims nicht nur als kleine Regionalband funktionieren, sondern auch den ganz großen Wurf schaffen würden, war für den Diplom-Biologen so klar wie die Evolutionstheorie: »Solange ich mit Spaß arbeite, mein Bestes gebe und merke, dass es auch gut genug ist, also entsprechendes Feedback von außen kommt, muss es die richtige Entscheidung sein. So war es auch mit den Söhnen. Wir haben die ersten Sachen bei Edo aufgenommen, und die Leute fanden es sofort toll.« Ob sich die Platte gut verkaufe, sei dann eigentlich sekundär gewesen: »Aber uns war klar, dass es so sein würde. Es mag vielleicht arrogant klingen, aber als ›Geh davon aus‹ sehr gut gechartet ist, haben wir uns zwar tierisch gefreut, aber die Korken haben nicht geknallt. Wir waren einfach auf den Erfolg eingestellt.«

Dabei hatten die Söhne nach den gängigen Erfolgskriterien der Plattenbranche eigentlich keine guten Aussichten: Angefangen beim Bandnamen, der in Berlin, Hamburg, Köln oder München als Ausdruck von provinziellem Lokalpatriotismus belächelt wurde. Dann hatten die Söhne zunächst nichts vorzuweisen, außer dem großen Namen ihres Chefs, und mit dem durften sie wegen der hinderlichen Streitigkeiten mit 3p nicht mal richtig die Werbetrommel rühren. Die Naidoo-Jünger wollten auch noch alles selber organisieren – von der Platten- und Videoproduktion über die CD-Herstellung bis zum Vertrieb. Obwohl sie nicht allzu viele Leute mit dem entsprechenden Know-how im Team haben. »Wir sind fast alles Branchenneulinge. Und als Künstler liegt mein Talent auch nicht unbedingt darin, Geschäfte zu machen. Aber wir wissen, dass wir es schaffen«, gab sich Naidoo im September 1999 im *Rolling Stone* gewohnt selbstgewiss. Anfangs verfügte nur Iris Jorde, die erste Leiterin der Firma Söhne Mannheims, über Erfahrung im Plattenbusiness. Der

Münchner Marketing- und Promotion-Profi hatte sich vor allem bei der Zusammenarbeit mit den Toten Hosen einen Namen gemacht und später Xavier Naidoo für 3p betreut. Trotz aller Ambitionen wollte es der ehemalige Musical-Star geschäftlich eher ruhig angehen lassen: »Meine Vision ist, dass wir allen Firmen zeigen, dass es auch ohne die ganze Anmache und den totalen Stress abgehen kann. Sobald ich mitkriege, dass sich einer meiner Leute überarbeitet, seine Familie und Freunde nicht mehr sieht, schleppe ich ihn an den Haaren raus – zu einem Ausflug in die Alpen, oder so.« Naidoos entspannter dritter Weg: Ein Kompromiss zwischen deutscher Perfektion und südländischer »Komm ich heut nicht, ...«-Mentalität. »Gut, man muss zu Terminen nicht vier Stunden zu spät erscheinen, aber eine Stunde tut doch keinem was.«

Auch mit Blick auf all diese Widrigkeiten kann Michael Herberger bis heute nichts Überraschendes am riesigen Erfolg der Söhne finden. »Wir haben ja schon ein halbes Jahr vor der Veröffentlichung unseres Albums ›Zion‹ eine Tour gespielt, von der uns viele Leute abgeraten haben. Die fanden das völlig schwachsinnig.« Die Konzerte vor kleinem Publikum in anfangs halb leeren Clubs seien aber die Grundlage des späteren Erfolges gewesen: »Wenn zweihundert Leute da waren, kam mindestens die Hälfte wegen Xavier. Wenn nicht sogar mehr. Die sind aber in der Regel als SM-Fans gegangen. Diese Club-Tour hat uns zwar immens viel Geld gekostet, aber dadurch bekamen wir Presse-Resonanz, und die Leute haben dann einfach auf Material von uns gewartet. Und ›Geh davon aus‹ war ja auch nicht irgendein Scheiß-Titel. Der ist uns schon ganz gut gelungen«, findet Herberger.

»Geh davon aus«, die erste im großen Stil vertriebene Single sollte eigentlich am Montag, den 9. Oktober 2000, rauskommen. Aber die Nachfrage war so enorm, dass viele Händler sie schon am Samstag in die Läden gestellt haben. »So waren wir schon am Wochenende in den Trend-Top100, obwohl die Platte noch gar nicht offiziell erschienen war. Da wir so eine feste Käuferschicht hatten, kam der Rest von allein: Radio-Arplay, Video-Rotation, dann war der Titel auch noch gut – da konnte nix mehr schief gehen«, so Herberger.

Der balladenhafte Song mit dem an den Led-Zeppelin-Klassiker »Cashmere« angelehnten, druckvollen Gitarren-riff und dem unaufdringlichen, aber sehr einprägsamen Ohrwurm-Refrain stieg schließlich auf Platz drei ein und schaffte es mehrmals auf Platz zwei der Single-Charts. »Spirit Of The Hawk« von Rednex und das bekennende Big-Brother-»Arschloch« Christian blockierten aber wochenlang die »Pole Position«. Fast 420 000 verkaufte Singles machten aus dem 400-Quadratmeter-Studio der Söhne in Mannheim-Käfertal trotzdem eine Gold- und Platingrube und brachten ihnen auf Anhieb eine Echo-Nominierung ein.

Nachdem die juristischen Querelen um den Solo-Künstlervertrag Xavier Naidoos mit 3p fürs Erste geklärt waren, hatte das Warten am 27. November ein Ende:

»Zion« kam endlich in die Plattenläden. Wie sehnlich die Fans das mehrfach verschobene Debütalbum der Söhne Mannheims erwarteten, zeigten weit über 150 000 Vorbestellungen, die dem Album schon vor Erscheinen eine Goldene Schallplatte und eine Woche später Platz vier der Album-Charts einbrachten. An potenziellen Nachfolgern für den Nummer-Zwei-Hit »Geh davon aus« mangelte es Naidoo und seinen Jüngern nicht: »Die Söhne Mannheims erweisen sich vor allem als Meister des Balladenfachs«, meinte der *Mannheimer Morgen*. Zeilen wie ›Dein Glück liegt mir am Herzen, warum findest Du es nicht, um die Schmerzen auszumerzen, brauchst Du Licht in Deiner Sicht‹ wirkten auf den Kritiker zwar zunächst wie das »Resultat eines ratlosen Blicks ins nächstbeste Reimlexikon«. Aber mit der Zeit – oder in der richtigen Situation – »entfalten sie genau die emotionale Wirkung, die zusammen mit der inhaltlichen Zweideutigkeit zwischen Liebeslied und Psalm Naidoos Erfolgsrezept ist«. Zum zweiten Single-Hit für die Söhne taugte das Duett Naidoo/Zanki aber allemal. Es erreichte Platz 55 und hielt sich fünf Wochen in den Charts.

Auch die gefühlvolle Piano-Ballade »Volle Kraft voraus« trifft den Nerv der Fangemeinde: Völlig ungeschminkt stehen die Stimmen des Bandbosses und seines Duettpartners Rolf Stahlhofen dabei im Mittelpunkt eines Stückes, das seine Intensität durch die Reduktion auf das Allernötigste gewinnt – und dazu beitragen möchte, »den Himmel um die Erde zu erweitern«. Ähnlich funktioniert das Rezept von »Peace geht raus« oder der Anfang von »Jah Is Changing All«, das mit jedem neuen Instrument an Tempo und Wirkung gewinnt ...

Bei anderen Stücken herrscht dagegen musikalischer Überfluss: »Power Of The Sound«, im Mai 2001 als dritte Single ausgekoppelt, verbreitet dank Raggamuffin-Sänger Marlon B. karibische Partystimmung, ohne dabei im seichten Dr.-Alban-Gewässer zu versumpfen. Das apokalyptische »Armageddon« überschreitet mit heftigem Uptempo-HipHop fast die Grenze zum Hardcore-Rap und verbreitet gleichzeitig düstere Weltuntergangsstimmung. Das vielleicht erstaunlichste Stück der Söhne ist »Komm heim«, das sich zunächst heftig gegen gängige Hörgewohnheiten sperrt. Claus Eisenmann schmettert dabei im satten Opernbass die Titelzeile. Die 17-köpfige Band sorgt dabei für einen eindrucksvollen Wall-Of-Sound, der wie das musicalartige Vorspiel zum x-ten Carl-Orff-Revival oder wie eine Art HipHop-Nachfolger des reich beladenen Progressive-Rock-Sounds der siebziger Jahre klingt.

Die Popmusik jeglicher Kategorisierung zu entziehen ist das Ziel vieler Musiker. Zumindest wollen sie das ihren Fans in Interviews weismachen. Den Söhnen Mannheims gelingt dieses Kunststück. Zum einen, weil sie alle erdenklichen Stilrichtungen kombinieren, darunter einige, von denen man immer dachte, sie würden nie zusammenpassen. Bestes Beispiel ist »So fern Du mir nah bist«, in dem eine Bluesgitarre, vertrackte Breakbeats, voluminöse Soul-

Backgroundchöre und harte Raps Naidoos zarten Sprechgesang untermalen.

Zum anderen sorgen die in der Regel doppelt besetzten Instrumente und zahlreichen Sänger für ein ungeheuer variables Klangspektrum, das man so noch nie gehört hat. Vor allem die Gesangsarrangements, die das Produzenten-Duo Naidoo/Herberger mit Unterstützung Edo Zankis erarbeitet hat, bestechen. »Weil sie trotz eines Überangebotes an guten Stimmen nicht den Fehler machen, den grandiosen Gesang ihres Chefs aus dem Zentrum der Songs zu nehmen«, wie der *Rolling Stone* im Januar 2001 urteilte. Der deutsche Ableger des legendären US-Rockmagazins fand allerdings die Texte von Stücken wie »Armageddon« oder »Wir haben euch noch nichts getan« »einigermaßen bedenklich: Geschickt von einer höheren Macht wollen die Söhne Licht ins Dunkel bringen – wer nicht zu den Auserwählten auf der Arche Naidoo gehört, hat Pech gehabt.« Der *Musik Express/Sounds* fand die »christlichen Erweckungsbotschaften« sogar unerträglich und kritisierte das »dick aufgetragene Pathos« in den Texten.

Allerdings werden die extremsten Aussagen auf dem Album durch Sketche in Badesalz-Manier ganz bewusst relativiert. So schließt sich an »Armageddon« folgender ›Mannemer‹ Dialog zwischen Naidoo und seinem Freund und späteren Geschäftsführer der Söhne Mannheims GmbH Ingo Landeck an:

INGO: Her', Xavier, des iss schun arg krass, was Du do sagsch. Dass do bei uns nur 144 000 überlewe. Du schwindelsch doch.

XAVIER: Aah, naja, schwindeln, schwindeln. Isch muss ja schun e bissel die Leit uffrittle, und schun de Leit irgendwie klar mache, dass des End vor der Tür steht. Aa wenn's nur des End von Neid, Missgunst und ... du weeschd, was es alles is, weeschd. Aber mir wolle doch, dass alle die Party feiern. Und 144 000 feiern halt a bissl besser. Aber Armageddon is, ganz klar, des End von Angschd, Hass, Neid, Missgunst, und des End is do.

INGO: Bin isch ja froh, dass mer noch mol driwwer g'redd hawwe.

XAVIER: Siggschd.

Das – und ähnliche Zwischenspiele wie nach »Wir haben Euch noch nichts getan« oder »Dein Glück liegt mir am Herzen« – waren keineswegs spontane Spielereien im Studio. »Wir haben uns überlegt, wie wir es ein bisschen auflockern können. Deshalb spielt Ingo den Fragenden, der a bissel dumm ist, und ich erklär ihm dann, wie die Texte gemeint sind«, erklärte Xavier.

Eine Band mit 17 Musikern hat fast Orchesterstärke – »die alle unter einen Hut zu bekommen, ist das Reizvolle«, sagt Naidoo bei einem Band-Interview mit dem *Rolling Stone* in einem griechischen Restaurant in der Mannheimer Innenstadt, bei dem noch drei andere Stammhalter der Quadratestadt am Tisch saßen. Selbst Routinier

Edo Zanki und seine Freunde Rolf Stahlhofen, Xavier Naidoo und Sasha feiern mit »Gib Mir Musik« im Frühjahr 2001 den größten Single-Hit des Deutsch-Soul-Pioniers. (Jim Rakete/MMP)

Links:
Verhandlung vor dem Oberlandesgericht in Karlsruhe Pelham GmbH gegen Naidoo am 11.4.2001.
(Andrea Fabry)

Unten:
Angry Black Men: Mit »Adriano (letzte Warnung)« setzen Brothers Keepers im Sommer 2001 ein Signal gegen Neonazis.
(MIKA/Nitty Gritty)

Rechts:
Xavier Naidoo und Rolf Stahlhofen bei der Verleihung der »Goldenen Stimmgabel« an die Söhne Mannheims.
(Wilhelm Meinberg)

Unten:
Im Sommer 2001 nehmen Reamonn und Xavier Naidoo das Falco-Cover »Jeanny« auf.
(Nela König/Virgin)

Oben:
Xavier Naidoo, Fdo Zanki, Bo Heart, Cae Gauntt und Percussionist Tommy Baldu (v.r.n.l.) posieren im Herbst 2001 für ihr gemeinsames Debütalbum »4 your Soul«. (EMI)

Links:
Xavier Naidoo und Keyboarder Michael Herberger lesen im Oktober 2001 im ausverkauften Deutsch-Amerikanischen Institut in Heidelberg aus ihrem »Lieblingsbuch«: der Bibel. (Philipp Rothe)

Oben:
Am 28. November 2001: Xavier Naidoo vor dem Mannheimer Amtsgericht. Anklage: Zwei Jahre Gefängnis wegen Drogenbesitzes und Fahren ohne Führerschein. (Markus Proßwitz)

Rechts:
27. Oktober 2000: Xavier sieht einer der vielen Verhandlungen gegen Moses Pelham im Mannheimer Landgericht gelassen entgegen. (Markus Proßwitz)

Oben, links und rechts unten:
Xavier Naidoo live. (Markus Proßwitz)

Oben: Xavier Naidoo spielt im Januar 2001 mit den Söhnen beim Neujahrs-empfang der Stadt Mannheim. (Kremser)

In Israel entstanden die Fotoaufnahmen für sein neues Doppelalbum »Zwischenspiel/Alles für den Herrn«. (Naidoo Records)

Ralf Gustke, seit seiner Arbeit mit Wolf Maahn, Chaka Khan, Sabrina Setlur und Naidoo einer der begehrtesten deutschen Drummer, konnte seinen Enthusiasmus kaum bremsen und schwärmte von der Aufgabe, »diese vielen Charaktere zusammenzubringen, zu einem wirklich schillernden ...« – »Kompott?«, ergänzte Naidoo grinsend – »Nein, ich würde es Lebewesen nennen. Vielleicht so wie Grateful Dead«, gibt der Schlagzeuger zurück. Die doppelte Besetzung an Keyboards, Drums und Gitarre eröffne ungeahnte Möglichkeiten: »Wir haben unterschiedliche Wirkungsbereiche und Vorlieben. Wenn zum Beispiel der eine Keyboarder die Streicher-Elemente tönen lässt, kann der andere normal weiterspielen«, erklärte Gustke. Dass die Arbeit mit einer derart großen Zahl von Musikern eine Gratwanderung ist, betonten alle. Gitarrist Michael Koschorreck sah das aber locker: »Man muss Risiken eingehen, sonst wäre das Ganze ja so perfekt und klinisch tot wie eine Broadway-Show. Das Unerwartete soll passieren können.« Rolf Stahlhofen, nicht nur wegen seines langen schwarzen Ledermantels einer der Publikumslieblinge der SM-Fans, betonte die stilistische Bandbreite der Band: »Wir können alle Arten von Musik machen.«

Musik spielt bei den Söhnen zwar die erste Geige, aber zu ihrer Philosophie gehören auch andere Aspekte: »Das Multikulturelle ist das Beste an der Gruppe«, fand Gustke. Wenn die bunt gemischte Truppe mit Musikern verschiedenster ethnischer Herkunft aus Deutschland, den USA, Jamaika oder Barbados unter dem Etikett Söhne

Mannheims über die Bühne tobt, verbreite das eine Botschaft von Liebe, Toleranz und Harmonie. »Man ist eben nicht mehr Deutscher, so wie man sich Deutsche vorstellt«, verkündete Naidoo. Getreu dem Motto: »Sind wir nicht alle Söhne Mannheims – fast überall«, wie eine Konzertkritik im *Mannheimer Morgen* endete. Naidoo selbst sieht das ähnlich. »Wenn die Leute bei unseren Konzerten zusammenfinden, haben wir erreicht, was wir wollen.« Bitter nötig in Zeiten, in denen Brandenburger Naidoo-Fans einen Hilferuf an die Mannheimer Lokalzeitung loslassen müssen, weil sie wegen ihrer musikalischen Vorliebe von Neo-Nazis bedroht werden. Grund genug, sich politisch zu engagieren und zum Beispiel Udo Lindenberg bei »Rock gegen rechte Gewalt« zu unterstützen.

Toleranz herrscht natürlich auch innerhalb der Band und der Firma Söhne Mannheims. Der Glaube an Gott oder die Vision von Mannheim als neues Jerusalem sind jedenfalls keine Einstellungsvoraussetzung, wie Michael Herberger betonte. »Na ja, Satanisten würden wir sicher nicht aufnehmen«, schränkte er lächelnd ein. Der Keyboarder selbst liegt mit seinem Freund und Partner spirituell voll auf einer Wellenlänge. »Gäbe es eine Kirche in diesem Stil, wären wir wohl beide Mitglied.« Allen, die den Söhnen Mannheims genau das unterstellen und sie wegen einiger Texte oder sehr seltsamer Einträge im »Familienbuch« der Söhne-Mannheims-Homepage sogar als »Fall für den Sektenbeauftragten« einstufen, erteilte Xavier Naidoo eine klare Absage: »Verstehen kann ich das zwar, der Wahrheit entspricht diese Sicht allerdings ganz und gar nicht. Wir können schon deshalb keine Sekte sein, weil wir ein sehr individueller Haufen sind. Wir denken sehr unterschiedlich. Eigentlich sind wir ein Pack nachdenklicher Chaoten.«

14.
Die Söhne Mannheims
live zwischen Soul
und Hardcore-Sound

Das Spektakel begann ganz andächtig: Die Söhne Mannheims fassten sich an den Händen, bildeten im Gemeinschaftsraum des TSV Sandhofen im Mannheimer Norden einen Kreis. DJ Billy Davis sprach ein langes Gebet. »Danke, Gott, dass wir Rock gegen Rechts heil überstanden haben ... Bitte lass uns auch die Tour gesund und ohne Unfall überstehen, lieber spielen wir mal schlecht.«

Worte, die bewegen. Nicht nur die Musiker, die sich wie Xavier Naidoo oder Drummer Ralf Gustke in stummer Konzentration auf die Generalprobe zu ihrer zweiten Deutschland-Tournee einstimmten, sondern auch die Helfer aus dem Vorortverein, die ganz selbstverständlich in den Kreis der Söhne aufgenommen wurden. Wenn der ergraute Familienvater einträchtig neben Rasta-gelockten Reggae-Sängern steht, wächst die Gewissheit, dass die Söhne Mannheims mehr sein können als nur eine Band, die Top10-Hits sammelt.

Das Konzert an 9. März 2001 war ein Triumph. Die Zuschauer in der ausverkauften Sporthalle ließen sich liebend gern in den Bann der Söhne ziehen und sangen fast jede Zeile mit. Für Begeisterung gab die Band auch genug Anlass: Bei den Monumentalwerken »Komm heim« und »Armageddon« rollte der Sound wie die Bugwelle eines gigantischen Ozeanriesen durch die kleine Halle. »So fern Du mir nah bist« oder »Dein Glück liegt mir am Herzen« sorgten dagegen für ganz intime Momente, während vor allem die Rasta-Fraktion um Marlon B. und Uwe Banton Schäfer absolute Party-Laune verbreitete.

Zur vehement geforderten Zugabe mussten die Fans Naidoo und Co. nicht lange bitten – zumal sie mit eindringlichen »Meine Stadt«-Sprechchören keinen Zweifel offen ließen, was sie hören wollten.

Der Dank an die »wundervollen Helfer, die uns die ganze Woche zur Seite standen«, war keine Floskel. Während die Musiker und Techniker der Söhne in der TSV-Halle alle Abläufe einübten, wurden sie vom Verein quasi adoptiert. Nicht nur, dass der Sportbetrieb eine Woche lang ruhte, die Sandhöfer sorgten auch unter der Leitung von Eugene Naidoo vor allem für das leibliche Wohl der Band: im Schichtdienst von 10 bis 23 Uhr. Im Gegenzug spendeten die Söhne die Einnahmen des Konzerts für die Vereinskasse.

Die letzte – noch unveröffentlichte – Nummer des Abends stellte eine rhetorische Frage: »Was wird mich erwarten, wenn ich wieder komm?« Na, was wohl? Frenetischer Jubel im doppelt ausverkauften Mannheimer Capitol am 31. März und 1. April. Dort herrschte absolute Gänsehaut-Atmosphäre, als Xavier Naidoo und Rolf

Stahlhofen ihr gefühlvolles Duett »Volle Kraft voraus« sangen und die 1200 Fans eine so sensible dritte Stimme beisteuerten, dass nicht nur die Musiker auf der Bühne schlucken mussten. Dabei hatten die Söhne Mannheims das ehemalige Kino noch kurz zuvor in einen brodelnden Hexenkessel verwandelt, als sie zusammen mit Edo Zanki »Gib mir Musik« in einer explosiven Funk-Version spielten. Vor allem Rolf »die Hüfte« Stahlhofen rastete zur völligen Begeisterung des Publikums beim gemeinsamen Auftritt mit seinem erklärten Idol derart aus, dass man sich fragte, wie dieser Tanzstil ohne Gummiknochen machbar ist.

Diese beiden Momente markieren die Enden des breiten stilistischen Spektrums des platinverwöhnten »Sinnsucher-Orchesters« (*Süddeutsche Zeitung*), das auf seiner fast völlig ausverkauften Deutschland-Tour von einem Jubelsturm zum anderen reiste. Einerseits gibt es Balladen, die weit über süßliche R&B-Sounds hinausgehen und Elemente aus Rap, Soul, Rock, Blues sowie vertrackte Beats und sehr ausgefeilte Vokal-Arrangements integrieren. Andererseits kann es die fast 20-köpfige Gruppe auch spektakulär krachen lassen. Der Song »Armageddon« ist das beste Beispiel, denn das druckvolle Crossover-Stück endet nicht nur inhaltlich in der Apokalypse. Wenn Michael Koschorreck im Stil eines Hardcore-Metal-Gitarristen das von einer simplen Keyboard-Phrase zusammengehaltene Instrumentalgewitter übertönt, wirkt der Sound der Söhne gewaltig. Genauso gut hüpft es sich aber zu fröhlichen Ragga-Partysongs, wie bei dem noch unveröffentlichten »Reality Again« und vor allem zu »Power Of The Sound«. Der Jamaikaner Marlon B. lässt seine Raggamuffin-Reime dabei derart geschmeidig rollen, dass er gute Chancen haben dürfte, in Konkurrenz zu Shaggy der »Mr. Lover Lover« des dritten Jahrtausends zu werden.

Zum Drummer des Abends avancierte meist Ralf Gustke, der zum Schluss des Reggae-Intermezzos die Zuschauerwertung um das beste Schlagzeug-Solo knapp gegen Bernd Herrmann gewann. Noch enthusiastischer als bei diesem Wett-Trommeln reagierten die Fans nur noch, wenn das unverkennbare Riff von »Geh davon aus« losdröhnt. Der enorme Druck, der von der meist 17-köpfigen Formation ausgeht, ist einer ihrer größten Trümpfe, hat aber auch seine Nachteile, wenn die Feinheiten des normalerweise entspannten »So fern Du mir nah bist« vor lauter musikalischer Kraftmeierei etwas abgeschliffen werden. Aber das hat dann wieder seine eigene Qualität – wie die Söhne überhaupt an viele Songs für die Live-Version noch einmal kräftig Hand an die Arrangements gelegt haben. »Dein Glück« wurde gegen Ende oft dezent angereggaet, und »Geh davon aus« überraschte mit glänzenden neuen Gitarreneinlagen, während »Armageddon« im Lauf der Tour immer mehr zu einem Fest für *Metallhammer*-Fans wurde.

Den spektakulärsten Auftritt mit den furchtbarsten Rahmenbedingungen erlebten die Söhne bei »Rock am

Ring 2001«. Kurz bevor Xavier Naidoo und seine Band in der Nacht zum Pfingstsonntag gegen 1.30 Uhr die Bühne der »Alternastage« des Nürburgrings betraten, setzte bei unbarmherzigen zwei Grad Celsius auch noch eiskalter Dauerregen ein. »Wir hätten nicht gedacht, dass hier überhaupt noch jemand ist«, staunte Sänger Rolf Stahlhofen, und Naidoo verbeugte sich tief vor den Unverwüstlichen. Die geschätzten 8000 Zuschauer hatten ihr spätes »Glück« dem WDR-Rockpalast zu verdanken, der das Söhne-Konzert live aufzeichnen wollte. Vor lauter Euphorie (»Das flasht dich total, wenn die Leute auch bei so einem Sauwetter einfach nicht weggehen«, Stahlhofen) fiel es den Söhnen leicht, auf die Zähne zu beißen und gegen den eisigen Wind anzurocken. Den frostigen Temperaturen setzten sie heiße Party-Stimmung entgegen. Das ging vor allem den Rastafaris leicht von der Hand - zumal die Fans sich nur zu gern den ambitionierten Aerobic-Einlagen der Band anschlossen. »Geh davon aus« wollten die Söhne eigentlich fernsehgerecht verkürzen – aber da spielten die gerade wieder aufgetauten Zuschauer nicht mit. »Ihr habt uns in eine dritte Strophe gezwungen«, rief Naidoo den tobenden Fans zu und warf ein intensives Kusshändchen hinterher. Uptempo-Nummern wie »Komm heim«, »Armageddon« und »Wir haben allen Göttern abgeschworen« waren genau das Richtige, um gegen eine Lungenentzündung anzutanzen. Selbst die Ordner blieben nicht einfach nur im Regen stehen, sondern schunkelten Arm in Arm zu »Meine Stadt«. Nach der tra-

ditionellen Schlussnummer »Was wird mich erwarten«
um 2.45 Uhr wollten die völlig durchnässten, fast tiefge-
frorenen Fans die Söhne partout nicht gehen lassen. Obwohl der Abbau schon begonnen hatte, schnappten sich
Xavier und Rolf noch mal die Mikrofone und gaben ihnen
eine A-cappella-Version von »The Lion Sleeps Tonight«
mit auf den Heimweg. »David Bowies ›Heroes‹« (Helden)
wäre angebrachter gewesen – oder jeweils eine Tapfer-
keitsmedaille«, schrieb der *Mannheimer Morgen* über diesen denkwürdigen Gig.

»Wir haben da gar nicht mal so gut gespielt, trotzdem
war es sensationell. Es war arschkalt, ich hatte den ganzen
Tag 100 Dezibel am Kopf, es herrschten minus 500 Grad
und pisste wie die Sau. Aber du kommst raus, die Leute
stehen da und drehen durch. Das war einfach geil. Xavier
und Rolf haben sich dann auch die Seele aus dem Leib
gebrüllt, die Band hat so dermaßen reingedroschen – wir
haben halt für dieses verrückte Publikum gespielt. Das
war ein Feedback-Gig, wie man es sich nur wünschen
kann. Das Publikum ist super drauf, die Band empfindet
diese Reaktion als Ehre und kriegt die Energie gerade
wieder zurückgeklatscht«, erinnert sich Michael Herberger.

»Rock am Ring«-Veranstalter Marek Lieberberg lobte
die wetterfeste Naidoo-Truppe in den höchsten Tönen:
»Die Söhne Mannheims waren neben Radiohead, Anasta-
cia und Linkin Park mein persönliches Festival-High-
light.« Schon im Jahr zuvor hatte der Frankfurter Impre-

sario die Mannheimer auf der Bühne höchstpersönlich als seine absolute Lieblingsband angekündigt: »Das ist die Zukunft der Musik.«

Derartige Lobeshymnen wie in ihrer zweiten Live-Saison durften sich die Söhne nicht immer anhören. Ihre Live-Karriere begann beim Mannheimer »Help!«-Festival im Mai 1999 mit einer ziemlichen Bauchlandung. Der zweite offizielle Auftritt am 3. September 1999 war nach zwei Aufwärm-Gigs schon von ganz anderem Kaliber, so dass der *Mannheimer Morgen* die Söhne schon »auf Naidoos Erfolgsspur« singen hörte. Doch bis dahin war es noch ein weiter Weg, der das »multinationale Kumpel-Kollektiv« (*Süddeutsche Zeitung*) im Frühjahr 2000 durch die ganze Republik führen sollte – obwohl das Erscheinungsdatum ihres Debütalbums »Zion« damals noch in den Sternen stand. Der *Rolling Stone* besuchte die Generalprobe für die Deutschland-Tour im nordbadischen Mosbach und beneidete den musikalischen Kopf des siebzehn Mann starken Aufgebots keineswegs: »Die Aufgabe, diesen Hornissenschwarm zu bändigen, treibt dem musikalischen Direktor der Söhne, Keyboarder Michael Herberger, schnell den Schweiß auf die Stirn. Der Urgroßneffe des Trainerphilosophen Seppl hat noch viel Arbeit vor sich, wenn das nächste Konzert nicht immer das schwerste werden soll: Viele der vierzehn Songs des demnächst erscheinenden Albums ›Zion‹ werden durch die Überdosis an Sängern zu musicalartigen Klangtapeten. Die im Prinzip recht ausgefeilten Arrangements setzen sich nur bei den stärksten Stücken durch. Das Ganze klingt noch ein bisschen nach Baustelle.«

Im Gespräch für dieses Buch konnte Herberger diese Sichtweise nachvollziehen: »Es ist wirklich nicht so einfach, diesen Mückenschwarm unter einen Hut zu kriegen.« Trotzdem haben sich die Söhne binnen weniger Wochen zu einem der überzeugendsten Live-Acts Deutschlands entwickelt, wie die späteren Kritiken zeigten. Was war passiert? »Die Tour war für die Band einfach extrem wichtig. Die Leute haben sich kennen gelernt und eingespielt.«

Knackpunkt war für den musikalischen Direktor der Auftritt in Lahnstein bei Koblenz. »Der Gig war für das Publikum fantastisch. Es war proppenvoll, die Leute fanden es tierisch geil, wir haben über viereinhalb Stunden gespielt. Aber in mir hat es innerlich gebrodelt. Weil da wieder so viel Willkür am Start war. Und ich wieder mal Vorgaben gemacht habe, die nicht eingehalten wurden. Ich bin ja wirklich nicht so drauf, dass ich den Leuten sage, wer sich nicht daran hält, fliegt raus oder kriegt was in die Zähne. Nur Chaos auf der Bühne finde ich aber grauenvoll. Etwas gezügeltes Chaos liebe ich. Wenn Leute auf der Bühne stehen und es passiert ... etwas Schönes. Und zwar etwas, das nicht geplant war. Dieses leichte Chaos gibt dir die Freiheit, das etwas entstehen kann, das nur in diesem Moment auf der Bühne möglich ist. Das ist so ein wunderbarer Augenblick, das macht für mich Musik aus.« Nichtsdestotrotz hatte Herberger für den Lahnsteiner

Auftritt ein paar exakte Vorgaben gegeben: »Dass wir zumindest mal das Programm durchziehen. Ich habe keinen
Bock darauf, zwei Lieder zu spielen, zehn Minuten zu
jammen, noch ein Lied zu spielen, das vom Arrangement
her komplett zu verhunzen und dann noch mal zehn Minuten zu jammen. Jammen wie die Blöden ist ja auch
wichtig, aber irgendwann ist es mal gut damit.« Also gab
es die klare Ansage: Die Setliste komplett durchspielen
und nur an bestimmten Stellen wird gejammt. »Und was
passiert? Nix! Dann fängt wieder irgend 'ne Beatbox an,
dann kommen die Rastas, dann stößt der Rapper wieder
mit dazu, und so weiter«, ereiferte sich Herberger. Ralf
Gustke war nach dem Gig so sauer, dass er alles hin-
schmeißen wollte: »So bin ich raus. Das macht keinen
Spaß!« Das brachte den musikalischen Boss der Söhne
endgültig auf die Palme: »Ich habe backstage bestimmt
zehn Minuten wie am Spieß herumgeschrien und die
Leute gefragt, ob sie noch ganz bei Trost sind. Dann sind
alle auf 25 Zentimeter geschrumpft, wir haben die Sache
ausdiskutiert, und der nächste Gig war richtig geil. Ein
wichtiger Schritt auf dem Weg zur großartigen Band, die
wir heute Gott sei Dank sind – zumindest für mein Empfinden.«

15.
»Wir sehen uns vor Gericht« –
der Bruch mit Moses Pelham

Der Konflikt zwischen Moses Pelham und seinem größten Star begann am 7. April 1999 zu schwelen – spätestens. Dieses Datum trägt der Gesellschaftsvertrag, mit dem die Xavier Naidoo GmbH »Söhne Mannheims« gegründet wurde. Der Eintrag ins Handelsregister vom 21. Juli definiert in trockenem Amtsdeutsch den Gegenstand des Unternehmens:

»Die Darbietung von Live-Aktivitäten (Singen, Sprechen, Rezitieren, Spielen von Instrumenten etc.) sowie Herstellung und Auswertung von Tonaufnahmen und hierzu gemachten Bildaufnahmen mit Darbietungen der Künstlergruppe ›Söhne Mannheims‹ auf Ton- und Bildtonträgern. ... Geschäftsführer ist Xavier Kurt Naidoo.«

Um dies alles in die Tat umsetzen zu können, hatte sich Xavier Naidoo im Mai 1998 als unbekannter Background-Stift eine Klausel in seinen ersten Künstlervertrag mit 3p schreiben lassen:

»... nicht Gegenstand des Vertrages und von der Exklusivität ausgenommen sind Live-Aktivitäten des Künstlers in der Künstlergruppe ›Söhne Mannheims‹, die Herstellung von Tonaufnahmen für diese Künstlergruppe sowie der Eigenvertrieb von Tonträgern dieser Künstlergruppe durch die Künstlergruppe selbst« (Nr. 1.4 des Künstlervertrages zwischen Xavier Naidoo und 3p).

Irgendwann im Sommer 1999 begann die Sache zwischen Moses Pelhams Rap-Startup 3p und seinem erfolgreichsten Künstler »heiß zu werden«. So formulierte es der gottesfürchtige Soulmann auf der Söhne-Mannheims-Homepage. Es habe alles damit angefangen, dass er Moses Pelham die fast fertigen SM-Tracks vorgespielt und ihm eine Kopie überlassen habe. »Die Tracks waren entweder zu gut oder zu schlecht«, schrieb Xavier Naidoo vielsagend.

Dabei versuchten die Söhne in der Folgezeit so ziemlich alles, um den Zündstoff aus der Beziehung zwischen ihrem Chef und seinem großen Boss herauszunehmen. Die Veröffentlichungstermine der ersten SM-Platten wurden mehrfach verschoben – zum Beispiel, um dem »Evolution/Revolution«-Sampler zum zehnten 3p-Jubiläum oder Singles wie »Seine Straßen« und »Alles« nicht in die Quere zu kommen. Anfang September organisierte die frisch gegründete GmbH Söhne Mannheims den Abschluss der 3p-Festival-Tournee mit Vega, Bruda Sven, Illmat!c und Top-Act Xavier Naidoo im Mannheimer Reitstadion. Damals wussten nur Insider, wie sehr es in der nach außen so geschlossenen 3p-Familie schon kriselte. Dass die Band Söhne Mannheims an diesem strahlend schönen Tag ein überzeugendes Debüt vor großem Publikum gab und die

Rödelheimer Rapperriege klar ausstach, mag zum Missvergnügen des Rap-Paten beigetragen haben.

Dabei verging noch fast ein halbes Jahr, bis die Musikertruppe ernsthaft ins Rollen kam. Ihre Debütsingle »Wir haben Euch noch nichts getan« stellte sie Ende Februar 2000 bei einem fast geheimen Konzert vor etwa 800 Leuten im nordbadischen Mosbach vor. Und die damalige SM-Firmenleiterin Iris Jorde betonte: »Die Single vertreiben wir derzeit hauptsächlich bei den Konzerten und über das Internet.« Genauso nachdrücklich stellte sie klar, dass Xavier Naidoo bei den Söhnen nur einer von vielen sei. Presseleute, die von »der Naidoo-Band« schrieben oder sprachen, wurden kräftig gerüffelt. »Wir wollen seinen Namen nicht an die große Glocke hängen, sondern es allein schaffen.« Was dahinter stand, war klar: Moses Pelham sah es nicht wirklich gerne, dass mit dem besten Pferd aus dem 3p-Stall ein fremder Karren in die Charts gezogen werden sollte. Deshalb verzichtete die aufstrebende Mannheimer Combo darauf, mit ihrem größten Pfund zu wuchern, und ging im Frühjahr 2000 auf die erste Deutschland-Tournee – ohne bis dahin eine offizielle, in ganz Deutschland erhältliche Platte am Start zu haben. Das stellte alle vermeintlich ehernen Branchengesetze auf den Kopf und brachte außer jeder Menge Spesen zwangsläufig wenig ein – aber die Band wuchs zusammen und erspielte sich eine erwartungsvolle Fangemeinde.

Die Wogen zwischen Rödelheim und Mannheim gingen hinter den Kulissen erstmals richtig hoch, als eine

5000er-Charge von »Wir haben Euch noch nichts getan« an den Hamburger Platten-Major Universal verkauft wurde. Die Firma gab sie – wie später auch andere Söhne Mannheims-Produkte – im Stil eines Großhändlers an die Plattenläden weiter.

Bis die »heiße Sache« schließlich überkochte, wurde es August. Xavier Naidoo und Michael Herberger hatten sich schon Anfang des Jahres in den Film »Dolphins« des Münchner Jungregisseurs Ferhad Yawari verguckt. Das Produzenten-Duo war so begeistert, dass sie sofort einen Song für das Projekt aus dem Ärmel schüttelten: »Kein Weg daran vorbei«, eine Ballade, wie gemacht für die Mannheimerin Yvonne Betz. Die Sängerin mit der zarten Kate-Bush-Stimme war die erste Solo-Künstlerin, die das Label Söhne Mannheims unter Vertrag nahm. Naidoo und Co. fielen aus allen Wolken, als 3p am Tag der geplanten Veröffentlichung, dem 14. August 2000, der Plattenfirma East West Records den Vertrieb der Single mit einer Einstweiligen Verfügung vom Frankfurter Landgericht untersagen ließ. Jeweils 25 000 Singles und Soundtrack-Alben mussten eingestampft, der Film umgeschnitten werden. Mit der Begründung, dass der exklusiv an 3p gebundene Naidoo bei dem Song als Background-Sänger sowie im dazugehörigen Video-Clip auftrete, und zwar nicht, wie es die Vertragsklausel erlaubt, als Mitglied der Söhne, sondern solo.

In Mannheim reagierte man nach außen hin verstört: »Wir sind sehr traurig und enttäuscht«, ließ Iris Jorde den

Mannheimer Morgen wissen. Es sei nicht nachvollziehbar, warum die Platte am Tag der Veröffentlichung gestoppt wurde, obwohl 3p von den Plänen mit Yvonne Betz schon seit Monaten gewusst habe. Der *MM* orakelte nach diesem Eklat, dass eine weitere Zusammenarbeit mit seinem früheren Busenfreund Pelham für Naidoo »fast unerträglich« sei. *Bild*-Klatschkönigin Katja Kessler prägte die Vokabel »Knebel-Vertrag«: »Xavier Naidoo: Geknebelt, versklavt – und 50 000 CDs eingestampft.«

Dass der bibelfeste Hobby-Kampfsportler aus der Quadratestadt bei den Muskelspielen seines Entdeckers Moses Pelham keineswegs brav die andere Backe hingehalten hatte, wurde erst etwa drei Wochen später deutlich. Da schien seine Karrierekurve einen weiteren massiven Rückschlag zu erleiden: Der damals ohnehin von Schlagzeilen um seinen Drogenkonsum und diverse Verkehrsdelikte gebeutelte Naidoo musste den Zeitungen entnehmen, dass er am 2. September auf der Weltausstellng Expo in Hannover bei einer Gala 10 000 Fans versetzt haben soll. Ohne Absage sei er in Tirol abgetaucht, teilte 3p dem Veranstalter mit und ließ die wie zufällig anwesende Sabrina Setlur bei Naidoos Live-Band einspringen. Das zwang den Sänger in die verbale Offensive, bei der er die Bombe platzen ließ. »3p wusste seit längerem, dass ich das Konzert bei der Expo nicht geben würde, zumal ich meinen Künstlervertrag mit 3p am 14. August 2000 gekündigt habe«, hieß es in einer Presseerklärung vom 4. September. Er sei nicht einfach abgetaucht und habe das Konzert auch nicht ohne Angabe von Gründen platzen lassen, stellte der Sänger klar. Es habe sogar zwei schriftliche Absagen für den Auftritt an die Adresse von 3p gegeben, sagten die Söhne Mannheims dem *Mannheimer Morgen*. Zur Erklärung des Eklats meinte Naidoo: »3p hatte zuvor durch mehrere Einstweilige Verfügungen gegen mich und meine Partner versucht, mich in meiner Arbeit als Sänger, Autor und Produzent mit den Söhnen Mannheims sowie mit unserer Künstlerin Yvonne Betz zu blockieren. Auf Grund dieser Umstände war für mich klar, dass ich keinerlei Konzerte mehr für 3p geben würde.« Damit hatte Xavier Naidoo seine Solo-Karriere vorerst beendet. Der Bruch mit seinem Entdecker und Freund Moses Pelham war perfekt.

Der Rödelheimer Rap-Mogul kam jetzt in Erklärungsnöte: »Xavier Naidoos Plattenfirma 3p hat uns bis zur letzten Sekunde vertröstet. Er könne jeden Moment noch kommen, hieß es mehrfach«, empörte sich Anne Graef, Expo-Sprecherin des Deutschen Gewerkschaftbundes (DGB), die das Konzert mit dem 3p-Künstler organisiert hatte, im *MM*. Die Zeitung sah den Schwarzen Peter bei Pelham und Co. und kommentierte: »Wenn Naidoo seinem ehemaligen Freund und Boss schon vor Wochen mitgeteilt hat, dass er in Hannover nicht aufzutreten gedenkt, ist das Verhalten von 3p naiv und bösartig zugleich. Warum die Rödelheimer die arglosen Veranstalter und gut 10 000 Konzertbesucher wider besseren Wissens bis zur letzten Minute vertrösteten, bleibt ihr Geheimnis – wahrscheinlich soll das bockige Paradepferd des 3p-Künstlerstalls so lange vorgeführt werden, bis dessen Karriere in Scherben liegt.« Solche Überlegungen waren naheliegend, denn wenn Moses Pelham seine Ehre verletzt sah, hat er ja durchaus schon sehr öffentlichkeitswirksam durchgedreht – zum Beispiel als er TV-Clown Stefan Raab das Nasenbein mit einem Kopfstoß brach, nachdem dieser ihn wochenlang auf Viva durch den Kakao gezogen hatte. Derartige Ausbrüche können niemanden verwundern, der die Texte und Interviews des ansonsten großartigen Rappers und visionären Produzenten verfolgt hat: Sie sind geprägt von kräftigster Schwarz-Weiß-Malerei, nach dem Motto: »Wer nicht für mich ist, ist gegen mich.« Das Ausscheren Xavier Naidoos aus der 3p-Familie konnte unter diesen Voraussetzungen offensichtlich nur als Verrat verstanden werden, der nicht ungesühnt bleiben durfte.

Die zuständige Eventagentur stellte jedenfalls Strafanzeige gegen Pelham wegen Betrugs. Agentur-Chefin Ulli Wittke fand deutliche Worte: 3p habe bislang weder eine offizielle Absage noch eine Entschuldigung geliefert, erklärte sie gegenüber der Presseagentur AP. Der rücksichtslose Umgang mit Vertragspartnern und enttäuschten Fans sei nur »mit schwersten Defiziten im Bereich menschlicher Reife, großer Unprofessionalität oder totaler Hybris« zu erklären. Im Mai 2001 endete dieser Konflikt vor dem Frankfurter Landgericht mit einem Vergleich. Moses Pelham musste sich bei den Veranstaltern entschuldigen und 17 000 Mark Schadensersatz zahlen. In einem weiteren

Verfahren vor dem Frankfurter Landgericht warfen auch Xavier Naidoos Anwälte Pelham Betrug vor: 3p habe Konzertgagen falsch abgerechnet. Die Staatsanwaltschaft hatte deshalb die Büros von 3p durchsucht und Beweismaterial kopiert. »Bei dem Vorwurf des Abrechnungsbetruges geht es um eine Größenordnung von ca. einer Dreiviertelmillion Mark. Nach den bisherigen Erkenntnissen hat Moses Pelham mehr als 50 Prozent der Nettokonzertgagen für sich behalten. Und rechtfertigt das mit einer angeblichen mündlichen Vereinbarung mit Xavier Naidoo, die dieser nachdrücklich bestreitet. Zumal die von Pelham einbehaltenen Beträge auch in den Abrechnungen, die Herrn Naidoo erteilt wurden, überhaupt nicht auftauchen«, erklärte Michael Decker.

Der juristische Kriegsschauplatz wanderte nach Mannheim, nachdem sich die Frankfurter Richter für nicht zuständig erklärten. In der Quadratestadt sollte sich am 27. Oktober 2000 entscheiden, ob die Band Söhne Mannheims mit Xavier Naidoo an Bord eine Zukunft haben würde. 3p baute um die ganze Angelegenheit eine Mauer des Schweigens – bis Thomas Hofmann, 3p-Label-Manager und früher Pelhams Partner im Rödelheim-Hartreim-Projekt (RHP), sechs Wochen vor dem Prozesstermin mit der ausführlichen Stellungnahme »Xavier Naidoo vs. 3p« auf der Homepage *www.3-p.de* eine regelrechte Schlammschlacht im Internet auslöste. Hofmann schoss sich speziell auf SM-Geschäftsführerin Iris Jorde ein, die früher auch für 3p gearbeitet hatte, und warf ihr vor, »die

Mannschaft 3p/Xavier Naidoo« aus Habgier und Geltungsdrang zu spalten. In den Augen des früheren RHP-Rappers gab die umstrittene Klausel im Naidoo-Vertrag den Söhnen Mannheims allenfalls den Status einer lokalen Amateurband:

»Xavier hatte mit Moses eine feste Absprache über das Projekt Söhne Mannheims getroffen. Die Söhne Mannheims wollten losgelöst von Industrie und Medien groß werden und von Mannheim aus für Mannheim Platten auf Konzerten und aus dem Kofferraum heraus direkt an ihre Leute verkaufen. Dies war der Grund, warum sich Moses und Xavier seinerzeit darauf einigten, dass Xavier seine Vision Söhne Mannheims neben seiner Solokarriere durchzieht … Heute nachdem Leute aus der Musik-Industrie bei den Söhnen Mannheims sitzen, sind alle Pläne und Absprachen nicht mehr gültig. Sie sehen eine Möglichkeit, sich ein fettes Stück von dem Erfolg, den 3p gemeinsam mit Xavier erkämpft hat, abzuschneiden.«

Das könne 3p nicht widerstandslos zulassen, meinte Hofmann. Spätestens als die Major-Plattenfirmen Universal und East West Lieder von und mit Naidoo vertreiben wollten, seien die Absprachen gebrochen worden. Außerdem sei eine derartige Freistellungs-Klausel normalerweise »in Künstlerverträgen mega-unüblich«. Pelham habe dem nur zugestimmt, weil er dem Underground-Traum des Mannheimers nicht im Wege stehen wollte. Aber die Söhne würden sich einfach nur an den Erfolg ihres Stars anhängen: Aus Sicht von Hofmann berichtet die Presse in

99 Prozent der Artikel in Zusammenhang mit den Söhnen Mannheims nahezu ausschließlich über Xavier. Naidoo sei unangefochten der Frontmann und der Grund für die meisten Besucher, zu den Konzerten der Söhne Mannheims zu gehen oder ihre CDs zu kaufen. »Die beiden Majorplattenfirmen sowie das Umfeld von Xavier versuchen hier, ganz klar mit dem Namen Naidoo Platten zu verkaufen, was eine Verarsche ist und nichts als Etikettenschwindel bleibt«, kritisiert Hofmann. Der 3p-Manager erinnerte den abtrünnigen Mannheimer an seine moralische Verpflichtung gegenüber den nachdrängenden 3p-Künstlern:

»Wir fühlen uns moralisch im Recht und sind noch dazu darauf angewiesen, Xavier zu halten. 3p kann nur existieren, wenn die großen Künstler den kleinen helfen. Das hat Sabrina auch schon für Xavier gemacht, das hat RHP schon für Sabrina gemacht – und für diese Traumfabrik 3p haben Moses und ich auch RHP aufgeben müssen ...

Ich denke, dass Xavier jemandem helfen sollte, nach oben zu gelangen, so wie ihm geholfen wurde. Nur tut er dies im Moment, wie ich finde, für die falschen Leute. Ich muss mich fragen, wo diese Menschen, die heute alles besser wissen, waren, als kein Mensch etwas von Xavier wissen wollte, Moses und Martin sich im Studio die Nächte um die Ohren gehauen haben, und wir hier bei 3p jeden anbetteln mussten, etwas über Xavier beziehungsweise seine Platte zu berichten.«

Der frühere Rödelheimer Hartreimer beendete seine Ausführungen mit dem 3p-eigenen Sinn für Dramatik:

»Wenn Xavier seinen neuen Freunden weiterhin erlaubt, mit der Macht, die sie nur durch Xavier erhalten haben, der wiederum durch Moses in die Position kam, in der er ist, so umzugehen, wie sie es tun, wird am Ende auch an Xaviers Händen Moses' Blut kleben. Er und sein neuer Mob werden den Menschen und den Traum, der Xaviers Erfolge möglich machte, auf dem Gewissen haben.«

Söhne-Mannheims-Produzent Michael Herberger nahm den Fehdehandschuh auf und richtete auf der 3p-Homepage einen offenen Brief an Thomas H., in dem es unter anderem hieß:

»Ich wüsste ... nicht, wer versucht aus dem Umfeld der Söhne Mannheims einen Keil zwischen Xavier und euch zu treiben. Den Keil habt ihr schon selbst getrieben. Nicht zuletzt dadurch, dass IHR Absprachen mit Xavier/Uns nicht einhaltet, wie zum Beispiel im Fall von Yvonne Betz.«

Für diese Behauptung ließ 3p den Söhne-Mannheims-Keyboarder anwaltlich abmahnen und behauptete, es habe nie Zusagen in Bezug auf die Platten mit Yvonne Betz gegeben. Ein weiterer Mosaikstein der Prozesslawine kam ins Rollen: Am 9. November 2001 kassierte das Amtsgericht Mannheim diese Abmahnung endgültig. Nachdem alle Beteiligten vernommen worden waren, kam es zu dem Beschluss, dass der Frankfurter Rap-Mogul sehr wohl eine mündliche Zusage über Xavier Naidoos Mitwirkung bei »Kein Weg daran vorbei« abgegeben habe.

In seiner Internet-Antwort auf Thomas Hofmann stellte Herberger weiter klar, dass er nicht erst seit gestern mit Xavier zusammenarbeite:

»Du fragst, ›wo warst du ... als Moses und Martin sich im Studio die Nächte um die Ohren gehauen haben?‹ – Also ich war, wie viele Monate vorher auch, mit Xavier im Studio und habe mir mit ihm die Nächte um die Ohren gehauen, um Söhne-Mannheims-Tracks zu machen. Aber das wisst ihr ja, denn ›Führ mich ans Licht‹ ... hat euch ja wohl ganz gut gefallen.«

Damit spielte der Komponist darauf an, dass der Hit »Führ mich ans Licht« eigentlich aus seiner Feder stamme: »Auch ›20 000 Meilen‹ hatte Xavier schon fast fertig zusammengebaut und zu Moses und Martin ins Studio gebracht. Die haben dann die Samples nachgeturnt, und plötzlich stand da Pelham/Haas in den Credits. Bei ›Führ mich ans Licht‹ war es ähnlich. Da stehe ich lediglich als Textautor, und das nur dank Xaviers Großzügigkeit. Dabei haben wir die Musik zusammen geschrieben«, ärgerte sich Herberger noch in einem Gespräch Anfang 2002.

Der Konter von Hofmann ließ nicht lange auf sich warten:

»Lieber Michael, jetzt mal ehrlich: Was sind die Söhne Mannheims ohne Xavier? Ein anderer Hauptvokalist der Söhne Mannheims ist J-Luv. Wer sind die Söhne Mannheims? Die Hauptvokalisten kommen von 3p ... Du er-innerst Dich sicher noch an die Treffen, als ich bei den Söhnen Mannheims war. Wir besprachen, dass das Söhne-Mannheims-Ding Zeit braucht, um zu wachsen, und NICHT ausschließlich über Xavier laufen sollte, um gesund zu sein. Ich hatte Pläne für eine Veröffentlichung des Söhne-Mannheims-Albums mitgeschmiedet, unter der Prämisse, daß wir uns einigen (was heute von Euren Anwälten gegen uns verwendet wird). Zu einer Einigung kam es nie, aber die ist jetzt noch möglich. Worum geht es? Die Ideologie Söhne Mannheims groß zu machen, aus der sich viele Möglichkeiten ergeben können, oder Geld über Xaviers Rücken zu verdienen und uns dabei zu vernichten?«

Herberger reagierte »not amused« und behielt – zumindest öffentlich – das letzte Wort. Er schrieb am Tag der Verhandlung vor dem Mannheimer Landgericht:

»Ich kann nicht für Rolf [Stahlhofen], Marlon [B], Claus [Eisenmann], Jah-MC, ... sprechen. Aber die und ihre Fans werden sich freuen, dass Xavier und J-luv deiner Meinung nach die einzigen ›Hauptvokalisten‹ sind. ›Wir‹ (und das ist vor allem Xavier, denn ihm allein gehört die Firma Söhne Mannheims GmbH, und hier geht keine Pressemitteilung raus, die Xavier nicht vorher gecheckt hat) haben Xavier noch nie ausgeschlachtet und werden das auch nicht tun. Xavier nimmt sich zurück, wo es nur geht. Gibt es ein einziges Bandfoto, auf dem Xavier auch nur im Vordergrund steht? Stellt sich Xavier bei unseren Konzerten vor alle anderen? Wie viele unzählige Interviews haben ich, Rolf, Ralf Gustke etc. ALLEINE gegeben, obwohl Xavier daneben stand? Warum haben wir die ganze Zeit keine Stellungnahmen abgegeben, obwohl, wie jetzt auch, ihr alle Tatsachen so verdreht, dass wir die Bösen sind?«

Gleichzeitig stellte der »Zankapfel« Xavier Naidoo nach wochenlanger Interview-Sendepause den Konflikt in einem Interview mit dem *Mannheimer Morgen* aus seiner Sicht dar. Darin erklärte er, warum er seine Solo-Karriere für das Bandprojekt Söhne Mannheims aufs Spiel gesetzt hat: »Die Band gab es schon vor dem Solo-Vertrag. ›20 000 Meilen‹, mein erster Single-Hit, ist zum Beispiel ein Söhne-Mannheims-Stück. 1996 habe ich meine Arbeit mit den Söhnen eingefroren, um die Sache bei 3p anzugehen.« Auf die Frage, ob er jemals wieder als Solo-Künstler mit dem »Nicht von dieser Welt«-Material auf der Bühne stehen werde, antworte der Sänger ziemlich temperamentvoll: »Wenn die bei 3p denken, dass sie mir meinen Namen wegnehmen können, haben sie sich geschnitten. Sie können auch meine Lieder nicht blockieren; schließlich bin ich einer der Urheber.« Warum die Söhne nicht den einfachsten Weg gegangen sind und einfach bei 3p unterschrieben haben, lag für Naidoo auf der Hand: »Wir wollten unabhängig sein. Außerdem Söhne Mannheims – das geht doch nicht von Frankfurt aus.« Trotz allem Ärger gab er sich versöhnlich und signalisierte Bereitschaft, weiter mit Moses Pelham zusammenzuarbeiten: »Ich bin kein nachtragender Mensch. Ich würde durchaus sagen: Schwamm drüber, lass uns Musik machen. Aber

Moses ist da anders. Japaner sind da nichts dagegen, von wegen Gesichtsverlust und so.« Er betonte außerdem, dass er nie vorgehabt hätte, 3p als Solo-Künstler zu verlassen: »Unser Album ›Zion‹ liegt seit anderthalb Jahren fertig in der Schublade. Das sagt doch eigentlich alles. Meine zweite Solo-Platte für 3p ist ja auch fast fertig.«

Doch die Gegensätze traten am 27. Oktober 2000 mitten im Blitzlichtgewitter und riesigem Presserummel deutlicher zu Tage als alle Gemeinsamkeiten: Während Xavier Naidoo mit schwarzer Wollmütze, legerer Straßenkleidung und Kaugummi kauend ins Gericht schlenderte, unterstrich Moses Pelham seinen Status mit teurem Aftershave, Designerbrille und zwei nobel gewandeten Bodyguards. Der Showdown sollte klären, ob – und vor allem wie – die per einstweiliger Verfügung gestoppten Söhne-Mannheims-CDs wieder in den Handel kommen dürfen. Die Kernfrage war: Was ist Eigenvertrieb? Aus der Sicht von 3p fällt darunter nur der direkte Verkauf von Platten an Fans bei Konzerten und über das Internet. Die Naidoo-Anwälte betrachteten es dagegen auch als Eigenvertrieb, wenn die Söhne CDs an Zwischenhändler abgeben – »und das kann natürlich auch eine große Plattenfirma sein«, wie Rechtsanwalt Jörn Zimmermann erklärte. Er hielt den Vertrag seines Mandanten mit 3p ohnehin für ungültig. »Weil er sittenwidrig ist. Die auf fünf Alben ausgelegte Laufzeit kann von 3p fast unendlich ausgedehnt werden.« Außerdem bekomme Xavier Naidoo nur fünf Prozent vom Handelsabgabe-Preis jeder CD. »Normal sind sechs bis zwölf Prozent.« 3p-Vertreter Dr. Udo Kornmeier konterte: Bei Vertragsabschluss sei Naidoo »ein völlig erfolgloser Sänger« gewesen, der eine »Anfänger-Lizenz« erhalten habe.

Die Richter hängten das juristische Damokles-Schwert über der Zukunft der Söhne Mannheims schließlich ab: Sie verweigerten 3p die einstweiligen Verfügungen gegen die Söhne-Mannheims-Platten und ebneten damit der Veröffentlichung von »Zion« den Weg. »Richter befreien Xavier«, jubelte daraufhin die *Bild-Zeitung*. Dabei war eine zentrale Frage des Streits noch gar nicht offiziell geklärt: Ob Naidoos Kündigung des Exklusiv-Vertrags als Solo-Künstler bei 3p wirksam war, entschied das Mannheimer Landgericht vorerst nicht. Die Berufung von 3p gegen die Entscheidung zu Gunsten der Söhne Mannheims lehnte das Oberlandesgericht Karlsruhe am 25. April 2001 ab. Begründung: Es sei 3p nicht gelungen, Xavier Naidoo eine Vertragsverletzung glaubhaft zu machen. Auch nach diesem Erfolg war der Sohn Mannheims durchaus bereit, sich mit 3p zu einigen: »Ich will nicht ausschließen, die vier ausstehenden Platten für 3p irgendwann zu machen. Vorher will ich aber zumindest ein Mal beweisen, dass ich es allein schaffen kann und dann zu Moses zurückgehe. Das würde ihm vielleicht beweisen, dass es mir nie um Geld, sondern immer nur um Musik ging.« Inzwischen ist in der Musiker-Ehe allerdings so viel Porzellan zerschmissen worden, dass sie nicht mehr zu kitten sein dürfte.

Diese Signale aus Mannheim scherten Moses Pelham und Co. wenig. Im Laufe des Jahres überzog 3p seinen ehemaligen Schützling mit einer Flut von einstweiligen Verfügungen, die sich gegen fast alle Koproduktionen des Mannheimers richteten – also gegen Platten von Edo Zanki, Reamonn, Somersault, Jan Delay, Sékou oder Erkan Aki. »Da geht es Pelham wohl noch mal um die Frage, ob der Vertrag wirksam gekündigt ist«, vermutete Naidoo-Anwalt Michael Decker. Schließlich trete der Mannheimer Star bei Songs wie »Gib mir Musik« nicht als Mitglied der Söhne Mannheims auf und sei daher nicht durch die Freigabe-Klausel geschützt. »Dahinter steckt letztlich aber nur die Absicht, den Künstler zu blockieren und kaltzustellen«, warf Decker im *Mannheimer Morgen* 3p vor. Ein kostspieliges Vergnügen für den 3p-Boss, der auch die Verfahrenskosten tragen muss: »Das kostet ihn bis zum Oberlandesgericht mit allen Anwaltshonoraren pro Verfahren je nach Gegenstandswert zwischen 25 000 und 50 000 Mark. Ein teures Hobby«, fand der Naidoo-Vertreter.

Nach mehreren Einzelentscheidungen im Eilverfahren an Gerichten in Hamburg, Köln oder Frankfurt stellte die Zivilkammer des Landgerichts Mannheim am 22. Juni 2001 die Signale auf »Freisein«. Sie lehnte eine einstweilige Verfügung ab, die dem Mannheimer Popstar untersagen sollte, »seine künstlerischen Darbietungen auf verschiedenen Tonaufnahmen vervielfältigen, verbreiten oder sonst verwerten zu lassen«. Richter Detlef Schmukle erhörte Pelhams Pochen auf den exklusiven Künstlervertrag mit 3p nicht. »Unserer Ansicht nach wurde er von Herrn Naidoo wirksam gekündigt.« Ob diese vorläufige Entscheidung Bestand hat, wird sich aber erst ab Anfang März 2002 im Hauptsacheverfahren entscheiden. Sie wurde jedenfalls erstmalig vom OLG Karlsruhe bestätigt. Die Richter fanden klare Worte zur Begründung: Das Vertrauensverhältnis zwischen Naidoo und 3p sei »derart erschüttert, dass ein gedeihliches Zusammenwirken nicht mehr zu erwarten steht«. Dabei setze ganz besonders ein Künstlervertrag gegenseitiges Vertrauen voraus. Als Ursache der Probleme nannte das OLG »den begründeten Verdacht«, dass 3p Live-Konzerte nicht korrekt abgerechnet habe. Dazu kämen »zahlreiche weitere Meinungsverschiedenheiten und Spannungen« aus Streitigkeiten über Urheberschaften und Verlagsrechte. Deshalb sei es Naidoo nicht zuzumuten, »seine künstlerische Tätigkeit in einem von Zerrüttung und Misstrauen geprägten Umfeld auszuüben«, teilte das Karlsruher OLG am 24. Oktober 2001 mit. An den Oberlandesgerichten Frankfurt und Köln zog Pelham jeweils die Berufung gegen die Landgerichtsentscheidungen wieder zurück. Das Fazit von Naidoo-Anwalt Decker im Februar 2002: »Bisher hat kein einziges Gericht Herrn Pelham in der Auseinandersetzung mit Xavier Naidoo Recht gegeben.«

Schon Mitte August 2001 hatte Xavier Naidoo die Weichen für eine Fortsetzung seiner Solo-Karriere gestellt. Mit der Musikabteilung der IN-motion AG schloss er einen exklusiven Vertriebs- und Marketingvertrag ab. Alles Weitere erledige aber seine eigene Plattenfirma, Naidoo Records. Damit endete ein monatelanges Tauziehen beinahe aller deutscher Plattenfirmen, die um den Star aus Mannheim rangelten. IN-motion rechnete durch diesen Vertrag mit Umsätzen in zweistelliger Millionenhöhe. Die Frankfurter Aktiengesellschaft gehört den Snap!-Machern Luca Anzilotti und Michael Münzing und ist international auch im Film- und Fernsehgeschäft aktiv. Bereiche, die Xavier Naidoo sehr reizen. Die Firma besitzt unter anderem Mehrheiten an der Hannoveraner Plattenfirma SPV und dem deutschen Ableger des Labels Ministry Of Sound. DJ Paul von Dyk, der rappende Basketball-Superstar Shaquille O'Neal oder der Dancefloor-Klassiker Snap! sitzen ebenfalls im IN-motion-Boot.

Naidoo zeigte sich in einer Presseerklärung sehr glücklich über dem Deal: »Die IN-motion AG ist die einzige Company, die für fast alle meine Forderungen Lösungen zu bieten hatte, ohne wochenlang verhandeln zu wollen. Dass sie nicht die größte aller in Deutschland tätigen Firmen ist, ist für mich kein Nachteil, sondern ein Reiz, der außerdem viele neue Möglichkeiten für mich bereithält. Auf geht's!«

16.
»Lungen aus Stahl«:
Xavier Naidoo schrammt haarscharf am Gefängnis vorbei

Dienstag, 28. November 2000. Xavier Naidoos Hände-druck ist schweißnass, er ist blass und wirkt fahrig, das kurze Gespräch auf der Anklagebank verläuft einsilbig. »Wie ist dir zumute?« – »Gut«, sagt er leise und alles andere als überzeugend. Das ist kein Wunder, denn Oberamtsanwalt Walter Zimmer hat gerade 21 Monate Haft für den Popstar gefordert – ohne Bewährung. Und jeden Moment wird Richter Claus Offermann den Sitzungssaal des Mannheimer Amtsgerichts wieder betreten, um das Urteil zu sprechen.

»Es geht für Sie um die Wurst«, mit diesen Worten hatte der Richter zuvor den letzten Zweifel vom Tisch gefegt, dass Naidoo gute Chancen hat, künftig statt poetischem Soul »Jailhouse Rock« in der Justizvollzugsanstalt zu spielen. Der erste Anklagepunkt: Am 2. Februar 2000 wurde der 29-jährige Mannheimer beim Video-Dreh zu »Wir haben Euch noch nichts getan« auf der A3 bei Idstein ohne Fahrerlaubnis am Steuer erwischt – bereits zum dritten Mal. Dass er im Dezember 1999 mit einem Porsche 944 der Mannheimer Polizei ins Netz gegangen war, hatte dem Autonarren schon eine üppige Vorstrafe eingetragen: fünf Monate auf Bewährung. Seinen Führerschein hat Naidoo seit einer Alkoholfahrt im Jahr 1993 nicht mehr – obwohl er zwischenzeitlich eine medizinisch-psychologische Untersuchung bestanden hat. »Warum haben Sie nicht einfach den Führerschein wieder gemacht?«, wunderte sich Offermann. »Keine Zeit«, ließ ihn der prominente Angeklagte wissen.

Neben Naidoos legerem Umgang mit der Straßenverkehrsordnung steht auch sein offenes Bekenntnis zum Drogenkonsum auf der Tagesordnung des Gerichts. Den Anfang hatte am 25. Juli 2000 die *Bunte* gemacht. Auf die Frage, was er mache, um abzuschalten, bekannte der Sänger im Interview mit dem Blatt offen: »Ich rauche eigentlich ziemlich viel Marihuana. Mehr brauch ich nicht.« Die Münchner Illustrierte gab dieses Statement vor Erscheinen ihrer Nummer 31/2000 an die Presseagenturen, so dass es sich in Windeseile in der Republik verbreitete und die Journaille bei Naidoo Sturm klingelte. Im *Mannheimer Morgen* wiegelte er zunächst ab: »An den Satz kann ich mich nicht erinnern. Aber ich mache ja aus nichts ein Geheimnis. Wenn ich es gesagt habe, war es bestimmt ironisch gemeint.«

Nachdem sich die erste Aufregung damit eigentlich erledigt hatte, besann sich dann Xavier am Morgen des 26. Juli nach der Zeitungslektüre eines Besseren. Er griff zum Telefonhörer, rief in der Redaktion des *Mannheimer Morgen* an und bestand geradezu auf einer Berichtigung: »Das will ich so nicht stehen lassen. Ja, ich rauche Marihuana. Das mag ein Schock für viele Leute sein, aber ich wollte das schon länger öffentlich machen.« Es sei für ihn nicht länger tragbar, deswegen kriminalisiert zu werden: »Ich sehe hier meine Felle davonschwimmen. Wenn ich in Deutschland keine Akzeptanz finde, muss ich das Land im Notfall verlassen und nach Holland gehen – auch wenn ich Mannheim liebe.« Am liebsten hätte er sofort eine Kampagne zur Legalisierung seines Entspannungsmittels gestartet. Dass er für seine Fans durch offene Bekenntnisse zum Drogenkonsum ein schlechtes Vorbild abgeben könnte, wies er dabei vehement zurück: »Ich habe nie gesagt: ›Macht mich zum Idol.‹ Die Leute müssen selber aufpassen, dass sie ihre Kinder richtig erziehen.« Außerdem sei es in Musikerkreisen, vor allem im HipHop absolut üblich, zu kiffen. »Halb Deutschland wird doch von Kiffern entertaint.«

Gedruckt entfalteten diese Worte am nächsten Morgen prompt fatale Wirkung. Die Mannheimer Staatsanwaltschaft ließ sofort Naidoos Drei-Zimmerwohnung in Wallstadt durchsuchen – und wurde fündig. Die Polizei stieß im Küchenschrank und mitten auf dem Wohnzimmertisch auf über 50 Gramm Marihuana. »Sie wollten alles von mir, und ich habe ihnen alles gegeben«, sagte der Sänger anschließend Radiomoderator Frank Baloch vom Ludwigshafener Privatsender RPR und nahm noch einmal Stellung zu seinem *Bunte*-Interview: »Das war in Hamburg – in Mannheim ist man direkt ein Krimineller.

Ich habe mir gedacht, wenn ich darauf angesprochen werde, warum soll ich lügen. Ich trink halt keinen Alkohol, und dann hab ich gesagt: zum Abschalten nehme ich Marihuana. Das mach ich bei mir zu Hause, das geht niemanden etwas an.« Außerdem rauche er schon, seit er 21 sei. Die Anschuldigungen nahm er damals noch ziemlich gelassen: »Ich seh das eigentlich mit Humor. Meine Mutter hat das auch so aufgenommen. Ich habe keine Kinder, die in der Schule gehänselt werden. Dass das solche Wellen schlägt, ist auch nicht so schlimm für mich.« Er wolle sich gegen die Verfolgung wehren, »weil ich eigentlich ein unbescholtener Bürger Deutschlands bin«. Nur weil er, statt Alkohol zu trinken, kiffe, sei er noch lange kein Krimineller.

Als die Polizei bei ihm in der Wohnung stand, verhielt sich Xavier sehr kooperativ: »Herr Naidoo hat sich keine Mühe gemacht, die Drogen zu verbergen«, berichtete einer der Beamten später im Zeugenstand des Amtsgerichts. Eine Gutachterin kam im Prozess zu dem Ergebnis, dass die Marihuana-Menge für stolze 334 Joints ausgereicht hätte. »War das wirklich alles für Ihren eigenen Konsum gedacht?«, wollte Richter Offermann wissen und bekam ein schlichtes »Ja« zur Antwort.

»Warum machen Sie keine Propaganda gegen Drogen oder Alkohol? Sie wirken doch glaubwürdiger als Lehrer oder Eltern?«, fragte der temperamentvolle Richter mit Nachdruck. »Meinen Sie wirklich, dass ich da glaubwürdig wäre? Das sieht doch so aus, als ob ich das nur mache, weil es das Gericht sagt«, gab Naidoo zurück. Von sich aus machte der inzwischen sichtlich um Reumütigkeit bemühte Star dann aber einige Angebote: »Da kann man schon etwas tun: Konzerte geben, meine Inhalte ändern.« Er habe kein Problem damit, allen zu sagen: »Lasst die Finger von Drogen!« Xavier beteuerte, dass er nun anders darüber denke: »Ich habe mich falsch verhalten und in Mannheim noch viel zu viel vor, als dass ich mit dem Gesetz weiter in Konflikt kommen möchte.«

Offermann verurteilte Naidoo für beide Delikte zu jeweils zehn Monaten Haft – und entsprach dem Antrag der Naidoo-Anwälte, die Strafe zur Bewährung auszusetzen. Das Führerscheindelikt bezeichnete der Richter wegen dem Verstoß gegen die vorherige Bewährungsstrafe dabei ausdrücklich als Grenzfall. »Aber ich bin der Meinung, man kann es vielleicht noch einmal versuchen.« Zu den Auflagen zählten regelmäßige Drogentests sowie eine Geldbuße in Höhe von 100 000 Mark, die unter zehn Mannheimer Hilfseinrichtungen, darunter der Drogenverein, aufgeteilt wurde. »Ich hoffe nur, dass Ihre Versprechungen keine leeren Worte sind und ich Sie hier nie wieder sehe«, gab Claus Offermann dem Star mit auf den Weg. Dem Gesicht von Xavier konnte man entnehmen, dass ihm klar war, wie hauchdünn er am Gefängnis vorbeigeschrammt war. Kommentarlos ließ er das Blitzlichtgewitter der riesigen Pressemeute über sich ergehen und verließ das Gerichtsgebäude geknickt, aber als freier Mann.

Das Urteil wäre vielleicht anders ausgefallen, hätten sich Richter und Staatsanwaltschaft die tags zuvor erschienene Söhne-Mannheims-CD »Zion« bis zum Schluss angehört. Etwa zwei Minuten nach »Peace geht raus«, dem letzten Stück des Tracklistings, beginnt ein ganz aussagekräftiger Hidden Track: Über einen extrem entspannten HipHop-Beat rappt Xavier zusammen mit Billy Davis, Ingo Landeck und Michael Herberger einen ziemlich geschmeidigen Text in Mannheimer Mundart – der im Gerichtssaal bestimmt für Furore gesorgt hätte:

»Wir haben übrigens festgestellt, dass fast auf der ganzen Welt
Die Leute nicht soooo unbedingt mit uns mithalten kön-
nen beim Schmoggeln,
Schmoggeln heißt Rauchen halt,
Und wir wollen mal gucken, was da ging bei Euch
Wir rauchen halt den ganzen Tag
Ich pur, die andern mischen a bissel
Jetzt mal zu 'nem ernsthaften Thema
Wie Autos und Autofahren
Wir machen uns ernsthaft Sorgen
Um die Schmoggler von morgen
Die könnten auch Weinflaschen entkorken, und Alkohol
saufen,
Aber man kann sich doch nicht Schmoggler taufen
Alla, wir machen's so: Wir vereinbaren 'nen Smokeout
Nur Gras, scheißegal, was Ihr mit Dope baut

Unkraut vergeht nicht, und glaubt mir,
Ihr versteht nicht, was es heißt für uns, zu schmoggeln
Messt euch mit uns und ihr fallt von euren Sockeln,
Wir zocken's raus, was die Kuh frisst an Euerm Haus,
      zur Genüge
Ich will nicht lüge, aber Ihr könntet sogar Familien mit-
      bringe,
die würden alle mit dem Koma ringe
Unsere Pflanzen, die schlingen ums Genick
Da brauchst Du teuflisch viel Geschick, um net zu husten,
goldig, wie sie paffen und pusten, die Warmgeduschten.
Aber egal, wir sind ja ned bei de Indianer,
und wir nageln sie an kein Pfahl, wir haben halt Lungen
      aus Stahl ...«.
Refrain: »Wir schmoggeln alle nieder und singen drüber
      Lieder,
Ich dreh mir noch 'nen Weeder und danach gleich wieder.«

In der zweiten Strophe plaudert Xavier munter darüber,
dass er und sein Lieblingszeug wie siamesische Zwillinge
seien und seine Weed-Rechnungen zehn Leitz-Ordner
füllten. Harald Schmidt und Co. hätten das nicht besser
formulieren können. Aus den TV-Gag-Fabriken kamen
stattdessen nur laue Kalauer: »Was haben Boris Becker
und Xavier Naidoo gemeinsam? Beide sind auf Gras am
Besten.« Die »geheime« »Zion«-Schlussnummer wäre
später bestimmt auch harte Konkurrenz für beschwingte
Top3-Hits wie Stefan Raabs »Wir kiffen« oder Afromans

»Because I Got High« gewesen. Trotzdem gut für Xavier Naidoo, dass Justitia vor seinem Drogenprozess auf beiden Ohren taub war. Sonst hätte der Vormittag im Amtsgericht für den eigenwilligen Bibelexegeten leicht zum Jüngsten Gericht werden können, spottete der *Rolling Stone*.

Auch wenn Xavier noch am Prozesstag betonte, dass der »Schmoggel-Song« lange vor den Ermittlungen wegen Drogenbesitzes aufgenommen wurde, war es ziemlich fahrlässig, so ein Stück unmittelbar vor dem Gerichtstermin zu veröffentlichen – versteckt oder nicht. Zumal die Staatsanwaltschaft jede noch so kleine Naidoo-Äußerung über Drogen auf der Goldwaage abwog. Diese Art, sich keinen Deut um die weltlichen Gesetze, Regeln und Behörden zu scheren, brachten Naidoo zu dieser Zeit den Ruf eines Exzentrikers mit Anpassungsproblemen ein. Dem Finanzamt sagte er zum Beispiel jahrelang: »Ihr könnt mich am Arsch lecken, ich zahl euch nix, ich brauch jeden Pfennig«, wie Xavier in der *Woche* zugab. Dem *Mannheimer Morgen* erklärte er seine Schwierigkeiten mit den Verkehrsbehörden: »Auf meinen Namen sind 67 Autos zugelassen, mit denen viele meiner Kumpels herumfahren. Die haben viele Punkte [in Flensburg] für mich gesammelt. Und ich bekomme so viel Post, dass ich mich um die Briefe nicht kümmern kann.« Das klang ein wenig nach der Mannheimer Version von Elvis Presleys reich mit Cadillacs beschenkter Memphis Mafia. Sein fehlender Führerschein kümmerte ihn lange genauso wenig. Im Video zu »Seine Straßen« brauste Xavier, unbeeindruckt von seiner ersten Bewährungsstrafe, mit Moses Pelhams Ferrari durch die französischen Alpen. Noch Mitte Juli – vier Monate nachdem er bei Idstein erwischt worden war – erschien in der *Woche* eine Geschichte, die sein Fahrverhalten im Hochtaunus als ziemlich offensiv beschrieb. »Der Kerl fährt wie Michael Schumacher, aber er redet wie ein Pastor«, schrieb Beifahrer Jürgen Ziemer, und man spürte förmlich, wie er sich dabei in seinem Sitz festkrallte.

Zu dieser Zeit machte der visionäre Sänger den Eindruck, als sei er wirklich »nicht von dieser Welt« – als würden für ihn Regeln und Gesetze nicht gelten. Durch die Prozesslawine in der Auseinandersetzung mit 3p, die gewachsene Verantwortung als Firmenboss und den Warnschuss des Mannheimer Amtsgerichts scheint die Realität Xavier Naidoo wieder eingeholt zu haben. Als Reifeprozess will er das aber nicht unbedingt verstehen: »Das nehme ich nicht so wahr. Ich fühle immer noch das Gleiche. Aber mit den Jahren legt man sich vielleicht einen etwas anderen Wortschatz zu. Ich kann mich beim Schreiben gut ausdrücken, aber wenn es um das normale Sprechen geht, denke ich immer: Uuh! Wenn ich als Kind zugehört habe, wie meine Eltern sich mit anderen Erwachsenen unterhalten haben, habe ich mich immer gefragt: Wow, wo kommen die ganzen Worte her. Die erklären das so geil. Wenn man älter und weiser wird, merkt man das auch beim Sprechen.«

Nur seinen Autotick hat er nicht ablegt – auch wenn seine Fahrzeugflotte Anfang des Jahres 2002 von 100 auf etwa 40 Stück zusammenschrumpfte. »Viele Autos waren ja dazu da, die Söhne-Mannheims-Geschichte zu fahren. Das ist ja bis 2003 nicht mehr nötig. Deshalb haben wir viele normale Gebrauchtwagen in hochwertigere eingetauscht.« Zurzeit fährt er einen Maserati 3200 GT, einen Alpina-getunten 7er BMW und – einen Mini (»den alten natürlich«). Seit November 2001 ist die Zeit als Beifahrer vorbei, und Xavier hat wieder einen Führerschein: »Im Dezember war die letzte Haarprobe für das Drogenscreening. Was das angeht, ist mir nix nachzuweisen. Ich kann dahingehend gar nicht mehr aktiv werden. Und ich musste mich ja auch noch vor den Psychologen setzen. Die ganzen Testereien habe ich alle bestanden.« Das Kiffen sein zu lassen sei überhaupt kein Problem gewesen, sagte er dem *Mannheimer Morgen*: »Ich habe von einem auf den anderen Tag aufgehört. Wäre ja schlimm, wenn das nicht funktioniert hätte.« Einer alten Legende der Popmusik zufolge, erweitern Drogen das Bewusstsein und fördern die Kreativität. Dass er durch die Zwangsabstinenz jetzt unkreativer geworden sei, konnte Xavier nicht bestätigen. »Wenn ich einen Titel höre, finde ich immer noch schnell die Worte dazu. Außerdem, wenn ich in einem Raum gewesen bin und dann die Tür zumache, weiß ich doch hinterher immer noch, wie es hinter der Tür aussieht ...« Für spezielle Anti-Drogen-Konzerte war bisher noch keine Zeit: »Rock gegen rechte Gewalt‹

war mir wichtiger. Da werden schließlich Menschen totgeschlagen. Ich kämpfe aber ständig gegen Drogen und mache nach wie vor jedes Kind zur Sau, das ich mit Zigarette sehe.«

Seine schwer zu bremsende Passion für Autos hängt wie alles andere bei Xavier Naidoo mit seiner Leidenschaft für den Herrn zusammen. Er glaubt, »dass wir in unseren Autos leichter zu uns selbst finden – und damit zu Gott – als an jedem anderen Platz dieser Welt«, erzählte er der Woche. »Wie viele Stunden habe ich im Auto Lieder erfunden, die meinen Gott preisen! Und ich bin über Berge gefahren. In der Bibel steht: Die Berge werden sich senken. Wer Ezechiel genau liest, weiß, dass er immer das Auto meint«, diktierte Naidoo der *Welt* in den Block. Und interpretierte die durch Straßenverkehr verursachte Umweltverschmutzung recht eigenwillig: »Unser Benzin besteht ja aus Dinosauriern, die irgendwann am Meeresboden zu Öl geworden sind. In der Bibel steht: Es gab Lebewesen, die den Tod erfahren haben. Wir verbrauchen also etwas, das sowieso giftig ist. Wir verbrennen das Gift, und das geht durch das Ozonloch aus unserer Atmosphäre. Wenn alles weg ist, können wir uns anderen Dingen widmen. Jede Kuh furzt am Tag 300 Liter Methan und ist damit weitaus gefährlicher als ein Auto.« Dem Woche-Interviewer Jürgen Ziemer drängte sich daraufhin die Gretchenfrage auf: »Glaubst du, dass es Gott gefällt, wenn er deine Liebe mit einem alten 116er Benz teilen muss?‹ Xavier wird nachdenklich: ›Irgendwann müssen wir alle vor

unseren Schöpfer treten. Wenn du dann gut argumen-
tierst, dann wäre er doch der Letzte, der sagt: Dieses dicke
Auto gönne ich dir nicht. Er gönnt dir alles!‹«

17.
Musikalische
Wahlverwandtschaften
von Aki bis Zanki

Ein Gespenst ging um in Deutschlands Single-Hitparade, Video-Clip-Rotations und Pop-TV-Shows: Was Xavier Naidoo im Jahr 2001 an Koproduktionen, Features, Duetten und sonstigen Projekten auf die Beine stellte, war wirklich einmalig. Bei »Top of the Pops« gab er sich selbst die Klinke in die Hand, und die VJs der Charts-Sendungen von MTV und VIVA stöhnten schon, wenn sie seinen Namen immer wieder aufsagen mussten.

Seit Frühjahr 2001 war Xavier nicht nur mit den Söhnen Mannheims Dauergast in den Top100-Singles von Media Control, sondern verhalf solo auch einem halben Dutzend anderer Künstler in die Hitparade: Edo Zanki, Ben Becker mit dem Rilke-Projekt, Reamonn, Gudrun Mittermeier und Somersault, Brothers Keepers und Erkan Aki. Nach der Veröffentlichung der Söhne-Single »The Power Of The Sound« Ende Mai kamen allein zwischen dem 11. Juni und dem 2. Juli vier Singles mit Naidoo-Beteiligung heraus, die alle in die Charts gingen. »Gib mir Musik« hatte dem deutschen Soul-Pionier Edo Zanki (49) und Freunden (Sasha, Xavier Naidoo und Söhne-

Sänger Rolf Stahlhofen) schon im März mit Platz 44 den größten Single-Hit seiner fast dreißig Jahre langen Karriere beschert. Mitte August folgte »Über sieben Brücken musst Du gehen«, Xaviers Duett mit dem Schweizer Tenor Erkan Aki. Außerdem produzierte der nimmermüde Mannheimer weitere Songs für die Alben von Edo Zanki, Jan Delay, Sékou, Curse und RZA.

Und um dem allem die Krone aufzusetzen, wurde aus dem Spaß- und Benefizprojekt »4 Your Soul« Anfang Dezember auch noch Ernst. Unter der Regie des nordbadischen Deutsch-Soul-Papstes Edo Zanki wirkte Xavier an einer kompletten Platte mit Pop-Klassikern im Soul- und Gospelgewand mit. Auf vielen der zwölf Stücke von »4 Your Soul« begnügte er sich jedoch damit, seinen Teil zu den wunderbaren mehrstimmigen Chor-Arrangements und die eine oder andere Strophe beizutragen – etwa in Eric Claptons »Tears in Heaven«. Bei den ersten »4 Your-Soul«-Auftritten in der Mannheimer Matthäus-Kirche 1999 und 2000 stellte er sich ganz selbstverständlich in den Dienst der Gesangs-Mannschaft und hatte die gleichen »Spielanteile« wie seine Kollegen: Edo Zanki, die aus Texas stammende Gospelsängerin Cae Gauntt, die inzwischen aus privaten Gründen ausgestiegene Lisa Cash und der gebürtige Kanadier Bo Heart. Letzterer sorgt zusammen mit dem Percussionisten Tommy Baldu für die filigrane Instrumental-Untermalung. Zwei Glanzlichter dieses Albums sind die Versionen von Paul Simons »Still Crazy After All Those Years« und »Dust In The Wind«, in das Cae Gauntt einen beklemmenden Text über den 11. September einfügt und so die zeitlose Aktualität des Kansas-Textes herausstellt. Ihr »Refugee« ist das ergreifendste Stück dieses Debütalbums, der grandiose Zanki-Klassiker »Ich frag mich« vielleicht das Beste. Vonda Shepards »100 Tears Away« und James Taylors »Fire And Rain« überzeugen nicht nur wegen des Gastspiels der »Ally McBeal«-Sängerin. Eingefleischte Xavier-Naidoo-Fans kommen natürlich bei »4 Your Soul« auch zum Zug: Seine Interpretation von »Jah Is Changing All« gewinnt der Söhne-Mannheims-Nummer ganz neue Reize ab. Bei den Coverversionen des Ten-City-Hits »That's The Way Love Is« und Smokey Robinsons grandiosem Song »Cruisin'« übt sich Xavier im Falsettgesang und klingt dabei wahlweise wie Curtis Mayfield oder Prince. Ungewohnt, aber gewohnt virtuos. Für die Auswahl der Songs gab es nur ein Kriterium: »Sie mussten Gänsehaut bei uns verursachen.« Die Erlöse der CD gehen übrigens an »Phönikks«, eine Initiative zur Unterstützung krebskranker Kinder.

Am 3. Dezember 2001 ging auch das erste Brothers-Keepers-Gesamtwerk »Lightkultur« an den Start. Xavier lieferte nicht nur den Refrain zum Top10-Hit »Adriano (Letzte Warnung)«, sondern auch noch ein weiteres Stück: »Don't Give Up‹ zusammen mit Jah Meek von den Söhnen Mannheims und Bantu. Eigentlich habe ich sogar zwei neue Titel gemacht. Die zweite Nummer ist etwas langsamer, Jah Meek ist wieder dabei. Falls nicht genug Material da gewesen wäre – aber da bestand dann überhaupt keine Gefahr. So habe ich meine Hausaufgaben für ›Brothers Keepers #2‹ schon gemacht«, erzählte Xavier kurz vor der Veröffentlichung.

Die »Bruderhüter« liegen Xavier, bei aller Liebe zu Soulvater Zanki, von allen Projekten am meisten am Herzen, nicht nur wegen seiner eigenen schlechten Erfahrungen als »Fremder im eigenen Land«. Seit er im Frühjahr 2001 mit den Söhnen Mannheims an Udo Lindenbergs »Rock gegen Rechts«-Tour teilnahm und die Situation in Ostdeutschland vor Augen geführt bekam, ist dem bibelfesten Soul-Poeten die bedingungslose Nächstenliebe vergangen. »Wir haben dabei jede Menge Initiativen und Opfer besucht – in Pirna, Rostock oder Cottbus. Was du da hörst … am liebsten wäre ich danach mit Baseballschlägern und ein paar Leuten um die Häuser gezogen, um richtig aufzuräumen. Für mich ist dieses Lied das letzte Mittel, noch friedlich irgendetwas zur Diskussion beizutragen«, fasste der Sohn südafrikanischer Eltern seine Gemütslage anschließend zusammen. Aus seiner Wut über die rechtsradikalen Auswüchse machte er keinen Hehl, sie wurde zur Triebfeder seines Engagements für Brothers Keepers: »Diese Wut war voll da, als ich den Text zu ›Letzte Warnung‹ geschrieben habe.« Das hört man seinem Refrain auch deutlich an. Zusammen mit Kollegen wie dem Heidelberger HipHop-Pionier Torch, Afrob aus der Stuttgarter Kolchose, Echo-Gewinner Samy Deluxe, D-Flame, Sékou, Denyo77, Tyron Ricketts oder dem Projekt-Initiator Adé von Bantu schlägt der selbsternannte

»Neger aus Kurpfalz« unversöhnliche, ziemlich militante Töne an:

»Dies ist so was wie eine letzte Warnung
Denn unser Rückschlag ist längst in Planung
Wir fall'n dort ein, wo ihr auffallt
Gebieten eurer braunen Scheiße endlich Aufhalt
Denn was ihr sucht, ist das Ende
Und was wir reichen, sind geballte Fäuste und keine
Hände.
Euer Niedergang für immer,
Und was wir hören werden, ist Euer Weinen und euer
Gewimmer.«

Im dazugehörigen Video marschiert der sonst so zart und nachdenklich wirkende Sänger in Anführer-Pose an der Spitze seiner Mitstreiter und demonstriert allein durch Körperhaltung, was ihn früher zum Disco-Türsteher qualifiziert hat. Die eindeutigen Drohgebärden an die Adresse der »national befreiten Zonen« treibt Denyo77 in seinem Rap-Part auf die Spitze:

»Ich sage K, sage Z, sage Nazis rein
Ich will nicht labern, denn ich kenn mein Vaterland
Macht es mich krank wie Masern,
dann verspüre ich Tatendrang
Ich fühle mich eingeengt und will statt Prominenz
Und statt großer Fans, Nazis, die wie Poster hängen.«

Kein Wunder also, dass der Song, dem von Nazi-Skinheads in Dessau ermordeten Mosambikaner Alberto Adriano gewidmet, eine hitzige Diskussion um Gewalt und Gegengewalt oder Toleranz den Intoleranten gegenüber auslöste. Sie wurde und wird hauptsächlich auf der Internet-Seite *www.brothers-keepers.de* geführt, die im Sommer sogar auf Platz vier der Webcharts kletterte. Trotz des krassen Textes (fast gleichzeitig bekam der Rapper Phillie MC wegen seinem ähnlich drastischen Anti-Nazi-Stück »Unkraut« Ärger mit der Landesmedienanstalt Thüringen) rotierte »Adriano« auf Viva und MTV rauf und runter. Und sogar das hitlastigste Formatradio war gezwungen, den Song zu spielen: Über 210 000 verkaufte Singles und Platz vier in der Single-Hitparade machten ihn zum Muss.

Diese enorme Medienpräsenz ist der größte Erfolg des Zusammenschlusses afrodeutscher Rapper und Sänger, denn sie half, die Ziele des Projekts zu verwirklichen. »Erstens wollen wir den Menschen die Augen öffnen. Zweitens Leute mobilisieren, die sich von allein vielleicht nicht trauen würden. Und drittens die Opferrolle ablegen und unsere Situation selbst in die Hand nehmen«, brachte es Brothers-Keepers-Rapper Tyron Ricketts in der HR3-»LateLounge« auf den Punkt. Außerdem bezweckt die »Letzte Warnung« vor allem Unterstützung für Opfer rechter Gewalt: Der eigens gegründete Verein Brothers Keepers will seine Einnahmen an die Familie Adriano, Initiativen wie die »Amodou Antonio Stiftung« und das

Neonazi-Aussteigerprojekt »Exit« weiterleiten. Ricketts gibt sich etwas versöhnlicher als mancher seiner Kollegen: »Wenn jemand mit Gewalt kommt, muss man zwar nicht unbedingt die andere Wange hinhalten. Trotzdem sind wir Musiker und wollen niemanden auf die Fresse hauen.« Dagegen meinte Xavier in einem Chat auf *www.rock gegenrechtegewalt.de*, dass man zwar in erster Linie Informationen fließen lassen müsse. Seine »Letzte Warnung« schränkte er trotzdem nicht ein: »Man muss den Rechten Angst machen.« Zumal in seinen Augen nicht nur die Staatsgewalt bei dem Thema versagt habe. »Deswegen muss man Wirtschaft und Industrie auf ihre Pflicht hinweisen, die Kohle, die sie verdienen, in Jugendhäuser oder Initiativen gegen Rechts zu stecken.«

Er selber hatte nach der Tour mit Lindenberg und Co. angekündigt, verstärkt in ostdeutschen Städten aufzutreten, um Flagge zu zeigen. »Es ärgert mich, dass ich die Sachen, die ich Ende 2000 im Osten machen wollte, nicht machen konnte. Es ging zeitlich einfach nicht. Das muss ich verschieben«, bedauerte Xavier in einem Gespräch im Dezember. Er lieferte die Begründung gleich mit: »In puncto rechte Gewalt ist leider nichts aus der Welt, und man muss auf Konfrontation gehen. Nur die Einnahmen von Brothers Keepers oder ›Über sieben Brücken musst du gehen‹ den Initiativen zukommen zu lassen, das ist mir einfach zu wenig. Ich will vor Ort sein.« Die Frage, ob er dabei auch den Nagel in den Baseballschläger schlagen und nachts losziehen will, quittierte er nur mit einem Lächeln: »Da können wir nicht drüber sprechen. Vielleicht findet sich ja eine etwas rechtsstaatlichere Methode.« Immerhin streckte das weibliche Gegenstück der Brothers, die Sisters Keepers, dann mit ihrer Single »Liebe und Verstand« statt der geballten Fäuste wieder die Hände aus:

»Schön Dich zu sehen
Komm reich mir Deine Hand
Wir können etwas ändern
Mit Liebe und Verstand.«

Ähnlich freundschaftlich ging es Ende 2000 beim Auftakt zu Xaviers Kooperationen-Parcours zu. So viel geballte Stimmgewalt, wie sich damals im Cangaroo-Studio im nordbadischen Karlsdorf traf, gab es selten in der deutschen Popgeschichte. Edo Zanki hatte gerufen, und mit Xavier Naidoo, Rolf Stahlhofen von den Söhnen Mannheims und Pop-Superstar Sasha kamen drei der talentiertesten und erfolgreichsten deutschen Sänger zu ihm ins Studio. Dazu schickte Jazz-Trompeter Till Brönner immer wieder kleine Päckchen in das Zanki-Domizil. »Das war jedesmal wie Weihnachten, wenn wir die Post aufgemacht und geschaut haben, was Till jetzt wieder Feines für uns eingespielt hat«, erzählte der Gründervater des deutschen Soul im Frühjahr 2001 dem *Mannheimer Morgen*. Man nehme also vier starke Stimmen, ein paar fette Funk-Beats und messerscharf geschliffene Bläsersätze – und fertig war das Remake von »Gib mir Musik«.

Spricht man mit den Beteiligten über die Aufnahmesession, hat man das Gefühl, sie berichten von einem gelungenen Kindergeburtstag. Das Um-die-Wette-Strahlen gewinnt Rolf Stahlhofen um Längen: »Für mich war es schon das Allergrößte, als Edo unsere Söhne-Mannheims-Sachen abgemischt hat. Denn ich bin schon als Teenie zu jedem Zanki-Konzert gefahren, von dem ich wusste – manchmal mit meinem letzten Geld.« Dabei gab es im Studio nur ein Problem: »Ich musste am Anfang immer raus gehen, weil sich Rolf nicht getraut hat zu singen, wenn ich da war«, erinnert sich Zanki lächelnd. Das hat sich dann gelegt, und Stahlhofen hielt locker in der Liga der Schwergewichte mit. »Rolf hat eine tolle Stimme«, zeigte sich auch Sasha noch Wochen nach den Aufnahmen schwer beeindruckt, als er beim Bier nach den Radio-Regenbogen-Awards im Mannheimer Rosengarten ins Plaudern geriet. Rolf Stahlhofen habe ihn zwar anfangs etwas argwöhnisch beäugt. »So nach dem Motto, was will denn der Pop-Bubi hier?« Er ließ sich aber schnell überzeugen: »Sasha brauchte nur einmal den Mund aufzumachen, schon war klar, dass er eine Mordsröhre hat.«

Sasha war vom Ablauf der Aufnahmen beeindruckt: »Obwohl Xavier gerade von seinem Drogenprozess kam und zuerst ziemlich niedergeschlagen war, hat es nach zwei Stunden Quatschen super funktioniert.« Jeder habe sich ein Mikro aussuchen dürfen, dann wurde der Text aufgeteilt, »und nach vier, fünf Durchgängen sagte Edo plötzlich: ›Danke, das war's‹«, staunt der routinierte Studiorecke. Natürlich habe es bei derart profilierten Sängern »leichte Konkurrenz« gegeben, »aber total angenehm und produktiv«, wie Sasha fand.

Xavier Naidoo war eigentlich der Einzige aus dem Quartett, der Zankis Arbeit erst seit gut vier Jahren kannte. »Ich habe immer öfter gehört, dass es schon lange jemanden gäbe, der so klingt wie ich.« Der Kontakt kam erst über Zankis Frau Isabella zustande, die für 3p als Tour-Managerin arbeitet und auch die Konzerte von Xavier betreute. Zanki glaubte nie, dass Naidoo ihn kopieren wolle: »Das nehme ich ihm hundertprozentig ab. Wir beziehen uns eben auf ähnliche Musik.«

So viel Seelenverwandschaft steckte nicht in jedem Projekt, aber erfolgreich waren sie alle. Sogar dem mäßig geglückten Geraune Ben Beckers zu Rainer Maria Rilkes Gedicht »Lied (Du, nur Du)« verhalf Xavier Naidoo nicht nur zu einer Prise Soul, sondern auch zu achtbaren Plattenverkäufen. Naidoos zweiter Beitrag auf dem »Bis an alle Sterne«-Album des Rilke-Projekts »Die Dinge singen hör ich so gern« scheint seine Vorliebe fürs Rezitieren geweckt zu haben. Das nächste »Opfer« war wieder ein österreichischer Lyriker: Johannes Hölzel alias Falco.

Als Reamonn bei Naidoo anfragten, übernahm er gerne die Sprech-Rolle des Triebtäters in »Jeanny«. Er habe sich wie ein Schauspieler darauf vorbereitet, berichtete der Soul-Poet. »Ich fand es spannend, mich da hineinzudenken. Was geht in so einem kranken Hirn vor? Was fühlt man? Ich hatte Gänsehaut, als ich meine eigene Stimme hörte.« Nicht nur Xavier Naidoo hatte persönliche Gründe, sich dieses heiklen Themas anzunehmen, sondern auch Reamonn-Sänger Rea Garvey. Er erzählte der *Max*, dass seine eigene Schwester sexuell missbraucht worden sei. An der extrem umstrittenen Falco-Nummer aus dem Jahr 1985 konnte der Ire nichts Skandalöses finden: »Der eigentliche Skandal ist die Zahl der missbrauchten Kinder. Die liegt allein in Deutschland bei einer Dunkelziffer von 200 000.«

Der Ertrag des erfolgreichen Falco-Remakes ging an »Dunkelziffer e. V.« und die Unesco-Stiftung »Saving An Angel«, die sexuell missbrauchten Kindern Hilfe anbieten. Ob »Jeanny« nicht nur gut gemeint, sondern auch gut gemacht war, darüber stritten die Gelehrten. Xavier ist's egal. »Ich bin rundum glücklich mit der Sache. Nur bei der englischen Version war ich skeptisch, weil diese Sache auf Deutsch schon schwer genug auszudrücken ist. Die ist aber eh nicht genommen worden«, lautete sein Fazit im Dezember 2001.

Es gibt aber auch weniger tiefgründige Kooperationen: Der Top-Comedian und selbst ernannte TV-Junkie Michael Mittermeier wurde zum »stolzesten Michl auf der ganzen Welt«, als er hörte, dass seine Frau Gudrun Naidoo für ihre Ballade »Way To Mars« rumgekriegt hatte. »Ich würde mir den linken Fuß abschneiden, wenn ich mit Xavier Naidoo im Duett singen dürfte«, schwärmte er in der *Brigitte*, der es auf seiner CD »Mittermeier & Friends« immerhin mit den Guano Apes, Tito & Tarantula oder The King aufnehmen durfte. »Ich habe mir den linken Fuß abgeschnitten«, konterte Gudrun Mittermeier im selben Interview.

Was sich Erkan Aki, der türkischstämmige Tenor aus der Schweiz, abgesäbelt hat, damit Xavier ihn bei der Coverversion des Ostrock-Klassikers »Über sieben Brücken musst du gehen« begleitet, ist nicht überliefert. Die 1979 in der DDR erschienene Karatnummer war kurz darauf auch ein Hit für Peter Maffay gewesen – nicht gerade eine Traumkonstellation für einen Sänger, der Rap, Soul und Drum & Bass predigt, oder? »Ich bin mit der Nummer sehr zufrieden. ›Sieben Brücken‹ in Berlin am Reichstag vor jeder Menge Ostberlinern zu singen war schon geil«, erklärte Xavier, der Wert legte auf die historische Dimension des Textes, der im geteilten Deutschland als eine Art Wiedervereinigungs-Hymne verstanden wurde. Außerdem gibt es auch eine spirituelle Erklärung für diese Zusammenarbeit. »Man kann sieben Brücken auch wie sieben Jahre verstehen, und als Erkan mich angesprochen hat, lag meine tiefe Erfahrung mit der Bibel sieben vollendete Jahre hinter mir. Ich kann voll dahinter stehen, was ich da singe«, erklärte Xavier *ZDF-Online*.

Angst, ins Schlagerlager abgeschoben zu werden, hat Xavier trotz dieser Gastspiele überhaupt nicht: »Wenn ich wegen solcher Kooperationen irgendwann mal whacke Rap-Texte schreibe oder sonstwie den Biss verliere, dann ist Misstrauen begründet. Solange ich das alles mit vollem Herzen mache, und solange den Flavour, den ich da brin-

ge, kein anderer macht, ist es immer noch cool für mich.«
Selbst ein Mitwirken am Grand Prix – Udo Jürgens hatte
das einmal gefordert – schließt Xavier nicht völlig aus:
»Das ist ja ein Song-Contest, keine reine Schlagerveran-
staltung. Ich würde Europa schon gerne mal zeigen, dass
es in Deutschland auch was anderes zu hören gibt.« Außerdem deckt er das enorme Spektrum von Rap bis Rilke
nicht ohne Hintergedanken ab: »Da liegt halt mein Plan
dahinter, dass einfach auch die Oma wissen soll, wer ich
bin, und sich auch mit meinem anderen Kram befasst. Es
war schon immer mein Traum, vom Jüngsten bis zum Ältesten alle einschließen zu können. Und der Plan geht,
Gott sei Dank, auch auf.«

Stimmt! Denn trotz der Ausflüge zu Dieter Thomas
Hecks »Goldener Stimmgabel« genießt Xavier Naidoo
mehr als genug Credibility, um auch für die heikle Hip-
Hop-Szene interessant zu bleiben. Dass der zum Reggae
konvertierte Absolute Beginner Jan Eißfeldt alias Jan Delay ihn bei der Suche nach den Jan Soul Rebels anrief,
macht den Mannheimer glücklich: »Jan ist einer der Talentiertesten überhaupt.« Zumal Naidoo in »Flashgott«
über sein Allerheiligstes rappen darf – nur um einiges entspannter, weniger missionarisch, als er seine Heilsbot-
schaft normalerweise verkündet.

»Ich weiß, dass es da oben jemand gibt.
Kein Plan, ob Tier, ob Frau, ob Typ.
Obwohl er da oben ist, ist er unten mit mir

Und wenn auch Du ein Flasher bist,
dann ist er unten mit dir!«

Jan Delay sah sich anschließend in Interviews dazu gezwungen, eine Lanze für den Kurpfälzer Kreuzritter zu brechen: »Xavier wird sehr missverstanden. Deshalb wollte ich ja auch, dass er bei dem Lied dabei ist. Und bei dem Thema hat es dann einfach gepasst, da kann er noch mal deutlich machen, dass er es auch nicht immer so krampfmäßig meint.« Außerdem finde er Naidoos Stimme »richtig derbe«.

Das sah wohl auch Sékou »The Ambassador« so, als er den Mannheimer einlud, für sein Album »D.I.A.S.P.O.R.A.« einen Song beizusteuern. Der sozialkritische Track »Silver & Gold« erklärt Babylon und somit den pflichtvergessenen, korrupten Mächtigen den Krieg. Dabei schlägt Xavier in einem zwingenden Refrain Töne an, die seine Fans schon von den Söhnen Mannheims gut kennen:

»Ihr könnt haben, was ihr haben sollt
Denn ein Krieg ist, was ihr haben wollt
Wir sind Krieger und ihr zahlt den Sold
Wir brauchen einen Tag für Babylon
Ihr Silber und ihr Gold«

Der Mindener Rapper Curse, auch nicht gerade als Hip-Hop-Clown bekannt, gerät massiv ins Schwärmen, wenn es um die Zusammenarbeit mit Mannheims Sohn geht:

»Ich habe eine wahnsinnige Ehrfurcht vor Xavier. Und bin großer Fan von seinen Sachen. Das hört er überhaupt nicht gern, aber es ist einfach so.« »Er gehört zu denen, die die besten deutschen Rap-Lyrics schreiben«, gab Xavier die Blumen am Jahresende 2001 an den Rapper mit der Nickelbrille zurück. Die beiden hatten schon lange geplant, einen gemeinsamen Track für Curses neues Album »Von Innen nach Außen« zu machen. Bei »Rock am Ring 2000« spielte Curse dem Soulsänger dann »Soulmusic« vor. Xavier blieb keine andere Wahl, allem Terminstress zum Trotz, zuzusagen. »Dann ist er tatsächlich zu uns nach Bad Oeynhausen gekommen, zu Busy ins Kellerstudio. Und hat sich da extrem locker gemacht. Das war eine sehr geile Erfahrung für mich, eines der Highlights auf dem Album«, erinnert sich Curse. In seinem Text reimt er vehement gegen alles Seelenlose, während Xavier brillante Adlibbings unterlegt und den Refrain singt:

>»Rap ist Soulmusic
> Und sie ist da für die,
> Die sie lieben und sie ehren
> Also vergiss es nie.«*

Das bringt das Credo beider Musiker auf den Punkt: »Rap ist Musik aus der Seele, für die Seele. Ohne dass der Arsch zu kurz kommt. Viele MCs verbreiten ja den Eindruck, es wäre uncool, deep zu sein. Wer Schwäche zeigt, gibt sich Blößen. Aber macht nicht gerade Ehrlichkeit und Offenheit immer gute, eindringliche Musik aus?«, formuliert es Curse. Der Mindener stattete dem Mannheimer übrigens prompt den Gegenbesuch ab und lieferte seinerseits eines der Highlights auf »Zwischenspiel« ab: »Ich habe Curse in seinem Studio zwei, drei Nummern meines Solo-Albums vorgespielt. Er hat sich dann für ›Wenn ich schon Kinder hätte‹ entschieden.«

Rock, Rap, Reggae, Rezitationen, Klassik – Xavier Naidoo scheint bei seinen Wahlverwandtschaften keinerlei Berührungsängste zu kennen. Wenn ihm jemand ein Mikrofon vor die Nase hält, singt er. Kommerzielles Kalkül kann man als Motiv wohl ausschließen – jeden Plattenfirmenmanager würde diese wild wuchernde Medienpräsenz dem Kardiologen seines Vertrauens näher bringen, meinte der *Rolling Stone* im September 2001 mit mildem Spott. Aber Naidoo ist nach dem Bruch mit Moses Pelham sein eigener Herr. Und er schert sich wenig um ungeschriebene Branchengesetze, nach denen die übermäßige Präsenz eines Künstlers der Karriere schadet. »Ich mache, was ich interessant finde«, betonte der Söhne-Mannheims-Sänger stets, gab aber bei einem Gespräch im Sommer 2001 durchaus zu, »dass es jetzt etwas viel war. Vielleicht halte ich mich mal ein wenig zurück«. Gut für seine Fans, dass er sich nicht daran gehalten hat. Auch wenn er manche Nebentätigkeit etwas diskreter anging als noch Mitte des Jahres 2001. Dass Xavier Naidoo auf Nenas Album »Chokmah« als Background-Sänger mitwirkt, kann man nur hören. Im Booklet der von Söhne-Mannheims-Keyboarder Florian Sitzmann produzierten CD steht dazu nur »Yoyo, Nena und andere«...

Seine fast schon aberwitzige Aktivität auf dem Duett-Sektor diente Xavier während der Zeit der Ungewissheit über seine Zukunft als Solo-Interpret offensichtlich als Ventil. Seine Kreativität sprudelte geradezu über: »Noiz«, das zweite Album der Söhne Mannheims nach »Zion«, war im Prinzip schon zu Jahresbeginn fertig, wird aber erst 2003 erscheinen. Seine zweite Solo-Platte sprengt bei weitem den Rahmen einer einzelnen CD. Darüber hinaus hat er auch jede Menge Projekte abgelehnt: »Das war auch nicht wenig. Zum Beispiel sollte ich etwas mit DJ Tomekk und ein paar US-Rappern machen. Aber ich hatte einfach keine Zeit. Am selben Tag war ich nämlich mit Doublee Park aus Lausanne im Studio. Ansonsten wird mir viel Konzeptzeug Marke Rilke angeboten oder irgendwelche Weltraumgeschichten, Filmsachen, Soundtracks ... Das kann man nicht alles machen.«

In der Branche hielt sich allerdings das Gerücht, Xavier Naidoo würde seinen Output auf die Spitze treiben, um seinen »Knebelvertrag« mit 3p endgültig zu sprengen und seinen Entdecker in den Clinch mit möglichst vielen Plattenfirmen zu bringen. Moses Pelham sah sich nämlich gezwungen, jedes der Naidoo-Projekte mit einer einstweiligen Verfügung zu stoppen. Es blieb beim Versuch: An Gerichten in Frankfurt, Hamburg, Köln, München, Karlsruhe und Mannheim wurden sieben einstweilige Verfügungen gegen alle Platten mit Naidoos Beteiligung abgeschmettert – nur Brothers Keepers blieben aus naheliegenden Gründen von Bannstrahl aus Rödelheim komplett verschont. »Ich habe erst im Nachhinein gemerkt, dass uns diese vielen Verhandlungen fast schon genützt haben. Alle haben mir gesagt, mach nicht so viele Projekte. Hinterher mussten sie zugeben: Zumindest war es dafür gut, dass wir jetzt so viele Entscheidungen zu unseren Gunsten haben. Sonst wäre da nur das Edo-Album gewesen, und dann wär es gleich auf mein Solo-Album gegangen. Aber das war nicht das Kalkül. Die Sachen haben mich einfach gereizt«, erklärte Xavier im Dezember 2001.

Eines seiner ganz großen Ziele verliert Xavier Naidoo trotz seinem enormen Pensum in Studios, auf Bühnen und in Gerichtssälen nicht aus den Augen: Wer irgendwann die Milliardenschulden seiner Vaterstadt begleichen will, dem ist der deutsche Markt nicht groß genug – auch wenn man international noch ein eher unbeschriebenes Blatt ist.

Die Anfrage von U2, ob die Söhne ihre deutschen Shows eröffnen wollten, kam da gerade recht. Beim Auftakt in der Köln-Arena am 12. Juli 2001 bretterten Naidoos Mannheimer Mannen den erbitterten Widerstand vieler U2-Fans mit krachenden Gitarren und einer Hardcore-Version von »Armageddon« nieder, schalteten aber schon am zweiten Abend in Köln mehrere Gänge zurück. »Da haben dieselben Leute, die uns am Vorabend ausgebuht haben, munter mitgesungen«, strahlte Rolf Stahlhofen hinterher. Er war ganz begeistert von Bono und Co.

»Als wir in unsere Garderobe kamen, fanden wir eine Kiste kühlen Champagner, ein paar Kästen Guinness und einen Brief, den alle vier unterschrieben hatten.« Darin schrieben die Superstars: »Hallo Söhne Mannheims! Schön, dass Ihr dabei seid. Wir Iren nennen die Mischung aus Champagner und Guinness ›Black Velvet‹. Wir schlagen vor: Wenn der Auftritt ein Erfolg wird – trinken! Wenn der Auftritt kein Erfolg wird – auch trinken!« Nur zum Abschluss der U2-Tour in Berlin schauten die Söhne-Fans in die Röhre: Ein Hagelsturm machte den Auftritt der Mannheimer auf der Waldbühne unmöglich, Comedian Michael Mittermeier musste einspringen.

Doch die Tür zur Weltkarriere scheint sich trotz solcher Misslichkeiten für Xavier allmählich zu öffnen: RZA, der Chefproduzent des Wu-Tang-Clan, kam im Sommer 2001 nach Europa, um mit hiesigen Rappern einen Sampler zu produzieren. Für Naidoo ein Traum: »Die Arbeitsweise des Wu-Tang-Clan als lockerer Verbund mit neun MCs war für die Söhne Mannheims absolut ein Vorbild.« Der New Yorker HipHop-Guru hob nach den Aufnahmen einen Musiker im *Rolling Stone* besonders hervor: »Zum Beispiel ist da ein Künstler, der Xavier Naidoo heisst, und der auf Deutsch singt. Und wenn der anfängt zu singen, klingt das so phatt und melodiös; du kannst nicht sagen, was er singt. Du weisst nur, es klingt gut im Ohr!« So gut, dass RZA mit Naidoo gleich zwei Tracks aufnahm. Auch bei Prince hat Xavier schon angefragt, aber bisher ziert sich »His Royal Badness« noch, M und

M (Minneapolis und Mannheim) komplett zu machen. Und vielleicht erfüllt sich irgendwann auch Xavier Naidoos größter musikalischer Traum: »Einmal mit Van Morrison singen. Das wäre unglaublich.«

18.
Xavier wieder solo:
Ein Doppelalbum
erobert die Charts

Bis zu dem Zeitpunkt, als Xavier Naidoo am 25. März 2002 sein zweites Solowerk »Alles für den Herrn/Zwischenspiel« veröffentlichte, hatte es noch kein deutscher Pop- oder Rockstar gewagt, mit einem Studio-Doppelalbum an den Start zu gehen.

Selbst Westernhagen, BAP und Co. haben es bisher nur zu Live- oder Best-of-Platten im Großformat gebracht. Dass der präsenteste deutsche Sänger der Gegenwart auch im Doppelpack erfolgreich sein würde, bezweifelte aber trotzdem niemand – schließlich hat Xavier bisher mit jedem seiner Projekte absolutes Neuland betreten und seine hoch gesteckten Ziele entgegen allen Unkenrufen erreicht. Außer dem ungewöhnlichen Format bietet der Mannheimer seinen Fans auch ungewohnte Kost: Zwei sehr gegensätzliche Konzeptalben in einem Paket. Auf »Alles für den Herrn« formuliert der »singende PR-Agent Gottes« (*Süddeutsche Zeitung*) seine Glaubensbotschaften und Visionen so eindeutig wie nie zuvor. Mit »Zwischenspiel« präsentiert er erstmals im großen Stil Texte, die sich nicht mit Gott beschäftigen, sondern

Liebe, Krieg, soziale oder politische Probleme thematisieren.

Die strikte Aufgliederung von modernen Psalmen auf der einen und weltlicheren Songs auf der anderen Seite war für den gottesfürchtigen Popstar zwingend: »Ich habe ein Problem, Liebeslieder zwischen die ›Alles für den Herrn‹-Stücke zu setzen. Außerdem bin ich ja einsichtig, die Leute, die keinen Bock haben, mich glaubensmäßig abfahren zu hören, können sich mit ›Zwischenspiel‹ befassen und finden im Lauf der Zeit vielleicht auch an ›Alles für den Herrn‹ Gefallen.« Xavier hatte nie daran gedacht, die beiden Alben getrennt zu veröffentlichen – wie es etwa Guns n' Roses mit »Use Your Illusion I und II« oder Bruce Springsteen mit »Human Touch/Lucky Town« Anfang der neunziger Jahre vorgemacht haben. »Ich hoffe, das nimmt mir niemand krumm. Ich wollte mit dieser Entscheidung auch nicht bewusst unpopulär oder gar kontrovers erscheinen. Es wäre grandios, wenn ich mit einer Doppel-CD so viele Käufer finde wie mit dem Debüt. Nein, es gibt jetzt dreißig Stücke von mir – im übrigen zu einem vernünftigen Preis zu kaufen –, weil es darunter nicht ging. Hätte ich weniger Titel draufgepackt, wäre diese Produktion nicht in sich abgeschlossen gewesen. Das ist auch irgendwo ein Experiment. Ich weiß nicht, wann es das letzte Mal ein Doppelalbum mit so vielen Titeln gegeben hat.« Allenfalls bei 2Pac, dem Wu-Tang-Clan oder den Smashing Pumpkins.

Der Vorbote dieser neuen Töne war die Hit-Single

»Wo willst Du hin«, die seit Januar in den Radio- und TV-Sendern rotiert und am 18. Februar 2002 in die Läden kam. »Es ist für mich reizvoll, den Leuten mal eine andere Seite von mir zu zu zeigen. Außerdem war es die allererste Nummer, die Michael Herberger und ich für das Solo-Album gemacht haben – schon im September 2000. Die Melodie ist mir am längsten im Kopf«, erklärt Xavier, warum die Wahl auf dieses Stück als erste Auskopplung fiel. »Es ist ein Liebeslied. Es geht um eine Beziehung. Das ist für mich schon außergewöhnlich. Krasse Titel habe ich ja genug«, charakterisiert er den Song. Der Titel sei sogar ein Stück weit authentisch. »Weil auch immer die Möglichkeit besteht, dass jemand zu mir sagt: Ich mach das nicht mehr mit. Dein Leben und diesen Stellenwert, den Gott für dich hat. Die Gefahr besteht natürlich immer, dass jemand wie ich vereinsamt, weil die Beziehung zu Gott eben die Wichtigste ist«, sagt Xavier nachdenklich und versetzt sich dann in die Lage seiner langjährigen Freundin: »Natürlich ist es schöner, mit 'nem Mann zusammen zu sein, der sagt, meine Frau ist das Wichtigste. Aber das geht bei mir halt nicht. Es ist ja so schon ein Kampf genug, Gott an die erste Stelle zu setzen. Da musst du dich ja selber tagtäglich hinterfragen. Grad ich mit meinen Autos und anderen Sachen, die mir wichtig sind. Da muss man immer wieder die saubere Trennung hinkriegen. Natürlich hat es schon Autos gegeben, wo ich gesagt hab: Wow, was für ein Wagen. Eine Woche später war er Totalschaden. Immer wenn mir was anderes zu wichtig wird, muss ich mir nicht lange Gedanken machen.«

Erst der Erfolg von »Nicht von dieser Welt« und »Zion« hat es Xavier ermöglicht, die ersten wirklichen Liebeslieder seit »Sag es laut« zu schreiben. »Damit war die wichtigste Arbeit getan. Ich konnte schon viel loswerden und jetzt sagen: O.K., der Grundstock ist gelegt. Man kann jetzt auch über den Glauben an Gott singen in Deutschland. Da muss ich nicht stur nur damit weitermachen. Außerdem habe ich ja mit Liebesliedern angefangen. Die sind zwar nie rausgekommen, aber das hat genauso Tradition bei mir. Man fängt ja mit 12, 16, 17 Jahren nicht an, Texte zu schreiben wie auf ›Nicht von dieser Welt‹, sondern mit normalen Beziehungskisten. Und jetzt habe ich halt durch die anderen Texte eine eigene Art bekommen, Liebesgeschichten reizvoll zu beschreiben.«

Überhaupt hat Xavier Gefallen daran gefunden, sich auch mal eine Geschichte auszudenken und zu vertonen. Zum Beispiel erzählt das erschütternd traurige Sieben-Minuten-Stück »Abschied nehmen« in der tränenreichen Tradition von Songs wie »Sag Laura ich liebe sie« (»Tell Laura I Love Her«) vom überraschenden Tod eines »kleinen Bruders«, der dem Hauptdarsteller die Gelegenheit zur Versöhnung nimmt. »Das ist rein fiktiv. Ich wollte mal ausprobieren, ob ich so etwas schreiben kann«, erzählte Xavier dem *Mannheimer Morgen* bei einer Vorab Hörprobe in seinem Studio im November 2001.

Ansonsten gebe es aber nicht viel Fiktives auf der Platte: »Bei ›Alle Männer müssen kämpfen‹ kann sich von unserer Generation ja inzwischen jeder hineindenken: Wie das ist, wenn man in den Krieg muss. Man kann sich das einigermaßen vorstellen.« Xaviers bisher politischstes Stück ist »Wenn ich schon Kinder hätte«, das den Mindener Rapper Curse featured. Der Song ist eine Kampfansage an pflichtvergessene Machthaber, die in ihrem bedrohlichen Ton ein wenig an Jan Delays »Söhne Stammheims« erinnert:

»Ihr wollt doch unsere Kinder nur für euren Zweck
so schnell wie ihr könnt, nehmt ihr sie uns weg.
Sie lernen eure Zahlen, müssen funktionieren
Ihr braucht sie für eure Wahlen, sie können nur verlieren
Sie verlieren ihre Unschuld, wie ein Milchzahn fällt sie
  aus
Ihren Willen müsst ihr brechen, jeden Widerstand brecht
  ihr raus
Ihr wollt doch unsere Kinder nur für euren Zweck
So schnell wie Ihr könnt, nehmt ihr sie uns weg
Ref.: Wenn ich schon Kinder hätte,
dann müsstet ich euch bedroh'n
Wenn ich schon Kinder hätte,
könnet ihr nicht sicher wohn'
Wenn ich schon Kinder hätte,
wärt ihr in großer Gefahr
Wenn ich schon Kinder hätte,
würde euer schlimmster Albtraum wahr.«

Dass Xavier noch keinen Nachwuchs hat, dürfte den Nachtschlaf der Angesprochenen etwas beruhigen. Ein Kind stand auch schon im Text von »Führ mich ans Licht« im Mittelpunkt, im Söhne-Song »Komm heim« sorgte die Zeile »Vorfreude auf Familie stellt sich ein« nicht nur in Mannheim für Spekulationen. Doch Vaterschaft ist für den erklärten Familienmenschen Naidoo bisher nur theoretisch ein Thema: »Da denke ich schon drüber nach, seit ich zwanzig bin. Aber das ist für mich so eine große Sache, dass man sich da gut und gerne zwanzig Jahre drauf vorbereiten kann. Meine Eltern waren auch nicht besonders jung, als ich geboren wurde. Die letzten Jahre wären natürlich mit Kindern komplett anders verlaufen – ich bin genauso dankbar, dass noch keins da ist, wie ich dankbar wäre, wenn ich eins hätte. Es müsste ein Kind sein, das überall mit hinkommt. Das geht ja. Aber trotzdem stellt es dein Leben komplett auf den Kopf.«

Auf der zweiten CD »Alles für den Herrn« thematisieren die Songs eine andere Beziehung: Xaviers Verhältnis zu Gott. »Das Titelstück nimmt zum Beispiel die alte Tradition, wie man Psalme schreibt, wieder auf. Es ist ein Lobpreis auf modernisierte Art und Weise«, klärt Xavier auf. Tatsächlich erinnern Zeilen wie »ich sing Lobeslieder auf den Herrn« trotz Reggae-Rhythmus an kirchliche Gesangsbücher. Aber der frühere Messdiener schreibt seine Songs nicht, damit sie irgendwann beim Gottesdienst ertönen. »Da habe ich noch nicht drüber nachgedacht, ob man meine Lieder irgendwann in solche Sammlungen aufnimmt. Das passiert wohl erst, wenn man schon tot ist. Ich mach's jedenfalls nicht deswegen«, sagte er nach kurzem Nachdenken. Derartige Töne wie auf dieser Platte hat in Deutschland jedenfalls noch niemand angeschlagen:

»Der Geist ist willig,
Aber das Fleisch ist schwach,
Ich werde alles tun,
Damit ich es gefügig mach,
Ich halt mich tagelang wach,
Um in der Bibel zu lesen,
Wenn ich mein Heil gefunden hab,
Hab ich Zeit zu genesen«,

klingt es da zum Beispiel in »Der Geist ist willig« über einem dezenten HipHop-Beat. So deutlich wie in den Texten zu »Der Herr knickt alle Bäume«, »Mägde und Knechte« (haben Visionen), »Ich lass sie sterben« und »Sie ist im Viereck angelegt« hat Xavier Naidoo seine Visionen, Glaubens- und Endzeitvorstellungen noch nie auf Platte gepresst. Dass so viel Eindeutigkeit seine Fans erschrecken könnte, glaubt der bibeltreue Sänger aber nicht: »Nein, überhaupt nicht! Dass die Lieder für Gott radikaler ausgefallen sind, liegt daran, dass ich mittlerweile in der Öffentlichkeit eine Stimme besitze, dass man mich kennt – und dass ich dadurch authentischere Töne anschlagen kann, was meinen Glauben betrifft. Vermutlich erwarten eine Menge Fans von mir sogar eindeutige Aussagen in den Texten. Das ist doch ein wichtiger Aspekt, warum ich überhaupt so bekannt geworden bin – dass ich mich absolut nicht kategorisieren lasse, dass ich immer an meinen Überzeugungen festgehalten habe.« Die drastische Wirkung der Texte relativiert sich ohnehin, wenn man Xaviers englischsprachige Songs auf »Alles für den Herrn« hört. Sie transportieren zwar dieselbe Message, klingen aber nur halb so krass – und viele Reggae- oder Gospel-Klassiker würden ins Deutsche übersetzt auch befremdlich klingen.

Das berühmte Zweite-Album-Problem (man hat ein Leben lang für die erste Platte und nur ein Jahr oder zwei für die nächste) kennt Xavier nicht. »Bei ›Nicht von dieser Welt‹ habe ich ja kaum was gemacht, außer Texte geschrieben und gesungen. Von daher ist diese Doppel-CD eigentlich irgendwie mein Debütalbum.« Anspannung hat er bei der Produktion nicht empfunden: »Ich bin ganz gelassen an die Sache rangegangen. Wahrscheinlich deshalb, weil ich mir nicht mehr groß was beweisen muß, was Verkaufszahlen angeht. Weil ich längst meine eigene musikalische Identität gefunden habe, an die ich felsenfest glaube.« Der große Unterschied zwischen der ersten und der neuen CD erklärt sich in Xaviers Augen schon allein durch die vier Jahre, die dazwischen liegen. »Dadurch dass ich vier Jahre älter bin – eine Zeit, in der in meinem Leben eine Menge passiert ist. Menschlich weiß ich endgültig, wer ich bin, wohin mein Weg mich führen soll. Und natürlich war es eine befreiende Situation, dass ich dieses Mal völlig in Eigenregie für meine Platte verantwortlich zeichne«, sagte er im Interview mit der Musikzeitschrift *Soundcheck*.

Der Doppelpack deckt Xaviers gewohntes Stilspektrum zwischen Soul, HipHop und Gospel ab, ist aber orchestraler und üppiger ausgefallen als der Erstling – schließlich verbindet ihn und seinen Co-Produzenten Herberger seit dem gemeinsamen »Musical-Project« eine Vorliebe für Streicherarrangements. »Außerdem stehe ich total auf Filmmusik. Zum Beispiel die Soundtracks zu ›Der Sturm‹ oder ›Leon, der Profi‹ sind der Hammer«, berichtet er. Die stürmischen Instrumental-Passagen bei »Wir gehören zusammen« sind das beste Beispiel, wie Xavier solche Einflüsse verarbeitet. Die Klassikelemente steuerte das NDR Pops Orchestra bei.

Auffällig ist, dass sich Mannheims Sohn als Texter noch einmal weiterentwickelt hat. Seine neuen Texte sind flüssiger und noch rhythmischer, von der oft kritisierten inhaltlichen »Schwammigkeit« bemerkt man wenig. Das ist dem Soul-Poeten selbst auch aufgefallen: »Es fällt mir inzwischen leichter, mit Sprache umzugehen. Es ist für mich einfacher geworden, Dinge, die ich ausdrücken will, in wenigen Worten zu erklären, so dass ich rascher auf den Punkt komme. Und ich bin der Überzeugung, dass genau diese Fähigkeit einen talentierten Schreiber ausmacht – größtmögliche Wirkung beim Hörer mit möglichst wenigen Worten zu erzielen.« Über seine Methode, Texte zu schreiben, berichtet Xavier: »Es geht schnell. Mit dem Hören der Musik verflüssigt sie sich in Tinte und fließt aufs Papier. Es gibt auch Zeiten, wo ich zu Hause sitze und nur Texte schreibe – ohne Musik. Bei ›Alle Männer müssen kämpfen‹ hatte ich die Musik, die Gesangslinie und wie es klingen sollte schon lange im Kopf.« Seine überbordende Kreativität fesselt Xavier aber nicht ans Mikrofon oder Mischpult: »Das Schöne an der Sache ist, dass meine Arbeit außerhalb des Studios nicht viel Zeit in Anspruch nimmt. Ich habe mir schon vor zehn Jahren angewöhnt, gleich den Text zur Musik zu schreiben. Schon in der ersten Stufe des Titels. Wenn ich nur zwei Strophen schreibe, wird es schwierig. Das mache ich jetzt auch in der ersten Stunde eines Songs.« Im Prinzip landet fast alles, was nicht »zu krass« für die Öffentlichkeit ist, später auf Platte: »Wir arbeiten wirklich so konzentriert und intensiv an der allerersten Version eines Titels, dass ich sie teilweise schon so rausbringen würde, wie sie sind – als Session-Album oder First Takes. So würde ich die nächsten Jahre gerne arbeiten. Raus damit, nicht lange warten, ohne großes Artwork, raus mit dem Zeug! Das geht jetzt halt nicht, weil wir an die Produktion schon sehr hohe Qualitätsstandards anlegen.«

Den größten Teil der Songs für das Doppelalbum hat Xavier zusammen mit seinem langjährigen Kompagnon und Co-Produzenten Michael Herberger komponiert. »Die Gesangsmelodien sind immer von mir. Die meisten Beats auch.« Der frühere »DJ Spliff« Billy Davis zeichnet sich für die meisten Songs auf »Alles für den Herrn« verantwortlich. »Billy steht mir besonders nah. Er ist einer aus der ersten Stunde der Söhne Mannheims und hat schon immer den Glauben im Herzen getragen«, erzählt Xavier über seinen langjährigen Weggefährten. Ansonsten tauchen noch die Mannheimer Produzenten Phillippe van Eecke (»Eyes Are Shut«, »Wir gehören zusammen«) und Neil Palmer (»Alle Männer müssen kämpfen«) als Songschreiber auf. Und Peter Gabriel. Dessen Duett »Don't Give Up« mit Kate Bush ist dem Mannheimer Duo Xavier Naidoo/Yvonne Betz wie auf den Leib geschrieben. Die vom »4 Your Soul«-Album bekannte Ten-City-Coverversion hat Xavier zusammen mit Neil Palmer für »Zwischenspiel« noch einmal ganz anders aufgenommen. Als Musiker treten neben Herberger und Davis der Gitarrist »Kosho«, Bassmann Robbee Mariano, Rolf Stahlhofen, Marlon B, Uwe »Banton« Schäfer, Claus Eisenmann, Tino Oac und PBC an. Schauspieler Ben Becker taucht in dem schon vom Rilke-Projekt bekannten »Lied (Du nur Du)« auf, das am Ende von »Alles für den Herrn steht« (während Xaviers zweite Rilke-Nummer »Die Dinge singen hör ich so gern« die Schlussnummer von »Zwischenspiel« ist). TV-Star Esther Schweins, die Hauptdarstellerin des Videos zu »Wo willst Du hin«, liest in dem Track »Brief«, der auf einen Text des österreichischen Liedermachers Andre Heller zurückgeht.

Übrigens konnte Xavier sich einen lang gehegten Traum erfüllen: Für das Foto-Shooting von »Alles für den

Herrn/Zwischenspiel« flog er Ende November nach Israel. Obwohl zu diesem Zeitpunkt der Konflikt zwischen Israelis und Palästinensern schon eskaliert war, schwärmt er von diesem Aufenthalt: »Das war natürlich ein Traum. Ich wollte unbedingt nach Israel und konnte bei der Foto-Session zwei Fliegen mit einer Klappe schlagen. Zum einen weiß kein Mensch, ob man da noch mal hin kann, und ich wollte es unbedingt. Zum anderen habe ich für Urlaub eh keine Zeit.« Der Kurztrip war dann wie erwartet ein spirituelles Highlight. »Ich habe mich vorher gefragt, wie es wohl sein würde, in Jerusalem zu sein. Schon die Luft zu atmen, wenn du aus dem Flugzeug steigst: einfach erhebend. Ich bin ja einer der wenigen, dessen Herz für beide Agenturen da unten schlägt. Ich kann genauso an der Klagemauer stehen wie in der Grabeskirche – aber die Ergriffenheit ist schnell wieder weg, wenn du wieder raus bist und eine japanische Reisegruppe siehst, die sich mit mannsgroßen Holzkreuzen fotografieren lässt. Ganz krass.«

19.
Die Videos – Bildsprache eines deutschen Rap-Predigers

Es waren garantiert die Video-Clips zu Xavier Naidoos Debütalbum »Nicht von dieser Welt«, die seinen Aufstieg zum einheimischen Superstar entscheidend ermöglicht haben. Die insgesamt fünf 4-Minuten-Filme aus dieser CD, die allesamt auf Viva wie auf MTV wochenlang in Dauerrotation zu bewundern waren, erschlossen dem Fan die ganze Welt des Mannheimers, rundeten sein Gesamtbild als Sänger ab – gerade weil sie durch ihre ungewöhnliche Art die Eigenwilligkeit des Künstlers Xavier Naidoo optisch unterstrichen.

Wichtig daran war, dass ein einziger Regisseur für alle Clips verantwortlich zeichnete, der junge Österreicher Thomas Job, der vor der Kooperation mit Xavier bereits für andere Künstler aus Moses Pelhams 3p-Stall zuständig war. Job verpasste sämtlichen »Nicht von dieser Welt«-Videos eine ganz besondere Bildsprache, die auf den ersten Blick so gar nicht zu den häufig knalligen, effektheischenden Filmen, die auf den herkömmlichen Musikkanälen das Auge des Betrachters strapazieren und zum Dauerlidzucken zwingen, zu passen scheint. Vielmehr heben sich

Jobs Bilder wohltuend von jenen nichtssagenden Knall-
bonbons durch gedeckte, dezente Farben ab, inspiriert
ganz offensichtlich durch die sepiagetönten Schwarzweiß-
fotos des berühmten holländischen Musik-Fotografen
Anton Corbijn. Und doch, mit ihrer unauffälligen Optik
stechen die markanten Momentaufnahmen der Clips erst
recht hervor. Sie verleihen den Videos ihre eigene Identität.

Job bevorzugte bei den Filmen zu Naidoos Songs eine
strenge Optik, kein Zweifel, er liebt es, mit Gegensät-
zen und Kontrasten zu experimentieren: Hell-Dunkel,
Schwarz-Weiß, Lachen-Weinen. Stets im Mittelpunkt
Xavier Naidoo vorgeblich in der Rolle des Außenseiters,
des ernsten Beobachters, gelegentlich auch des innerlich
Zerrissenen und an der Welt Leidenden. Dass Xavier
Naidoo im Mittelpunkt stehen muss, ist keine Frage – zu
ausdrucksstark ist sein Gesicht, zu einprägsam seine Mi-
mik.

Auf diese Vorzüge setzt bereits der erste Xavier-Clip
aus dem Jahr 1997, gedreht zur Duettsingle mit Sabrina
Setlur. Wichtig bei diesem Streifen war, dass kein Kitsch
entstand, sondern das Gefühl des jeweiligen Songs visuell
transportiert wurde.

Dieser Maxime folgte man auch beim zweiten Clip
zum Song »20 000 Meilen«. Dieses Mal verlagerte Regisseur Thomas Job das Szenario mitten ins Herz der Met-
ropole Berlin – genauer gesagt in den hippen Szene-
Stadtteil Prenzlauer Berg –, wobei eine ähnlich bedrü-

ckende Stimmung wie beim Video »Freisein« erzeugt wird. Xavier trägt in dem Clip einen schlichten weißen Anzug, die rund zweihundert angeheuerten Statisten sind in Schwarz gewandet. Dadurch wird ihre Abwesenheit und Anti-Individualität verstärkt, während Naidoo den Part des Suchenden, an seiner Umwelt Verzweifelnden übernimmt.

»›20 000 Meilen‹ steht für einen Traum, eine Vision«, erklärte Xavier, »es geht mir dabei um meinen Wunsch, die Menschen in Liebe vereint zu sehen. Doch leider sieht die Realität ganz anders aus. Genau dieses Gefühl haben wir versucht, bei dem Clip in ausdrucksstarken Bildern einzufangen. Dieser Song ist definitiv einer meiner persönlichsten, ich bin ja ein äußerst spiritueller Charakter«, führt er weiter aus. »Gerade in jenem Stück will ich auch mein Grundgefühl zu Gott loswerden. Es ist wie ein Gebet, zu dem man gleichzeitig problemlos tanzen kann. Wenn man das will . . .«

Die Bedingungen bei den Dreharbeiten, erzählt Job, »waren nicht die einfachsten. Ständig nieselte es, und dann arbeite mal mit zweihundert Statisten. Die müssen ja alle irgendwie beaufsichtigt und dazu animiert werden, ihren Part zu erfüllen. Doch vielleicht ist das Video gerade auf Grund dieser Schwierigkeiten so eindrucksvoll geworden.«

Xavier stellte während der Dreharbeiten in einem Interview ausdrücklich klar, dass »jene Nummer nichts mit der Liebe zu einer Frau zu tun hat, sondern dass es mir rein um ein spirituelles Grundgefühl geht. Meine Frau«, stellte er verschmitzt lächelnd fest, »habe ich doch längst gefunden ...«

Weil Naidoos Debüt-CD sich inzwischen so gut verkauft hatte und weil die Clips zu den ersten beiden Singles sehr wohlwollend aufgenommen worden waren, sandte man das Team Naidoo/Job für die Dreharbeiten zum dritten Video »Nicht von dieser Welt« ins entlegene südostasiatische Sri Lanka. »Eine absolut faszinierende Welt«, bekannte Xavier strahlend. »Wir haben hier Gesichter gesehen, jede Menge beeindruckender Gesichter, nach denen man in Europa lange suchen kann.«

Kein Wunder, dass es vor allem die Gesichter der Einheimischen sind, von denen der »Nicht von dieser Welt«-Clip lebt. Dieses Mal wurde völlig auf Farbe verzichtet, stattdessen wird die Botschaft des tiefreligiösen Liedes komplett in schwarzweiß gedreht und mit einem warmen Sepiastich versehen. »In dem Lied«, bekennt Xavier, »geht es um Gott, wie man auf ihn zugeht, ihn sucht, mit ihm kommuniziert. Dazu braucht man in einem Video logischerweise Bilder von einer extremen Gelassenheit, von einem magischen Zauber.«

Aber auch Elefanten, Kühe und Tempel spielen darin eine wesentliche Rolle – und machen aus »Nicht von dieser Welt« einen exotischen Clip. Die Aufnahmen wirken kontemplativ und vital zugleich, sie sind geprägt von der freundlichen Stimmung der Einheimischen. »Obwohl wir«, erinnert sich Xavier, »uns in Sri Lanka sehr zurückhalten mussten bei den Dreharbeiten, jedes laute Wort war eines zu viel. In diesem Land legt man absolut keinen Wert auf Lärm oder Überheblichkeit. Doch gerade das war es wahrscheinlich, was diesem Video den besonderen Touch verlieh.«

Das nächste Video zu »Führ mich ans Licht« ist extrem kühl und spartanisch ausgefallen, während der fünfte Clip zu »Sie sieht mich nicht« eine Ausnahme in der kargen Optik der Naidoo-Bilderwelt darstellt. Kein Wunder, denn immerhin war es Titelstück der deutschen Version des Kino-Erfolgsstreifens »Asterix & Obelix«. Entsprechend wurden Auszüge des Films in den Clip integriert – im Nachhinein eine kuriose Mixtur, denn das Stück handelt einmal mehr von Xaviers etwas diffuser Suche nach Gott, während die Klamotte selbst ein derber Hau-Drauf-Spaß war, der mit Naidoos Musik so gar nichts zu tun hat. Die Musik zu diesem Track stammt vom französischen Komponisten Jean-Jacques Goldman, der französische Originaltext von Goldman wurde von Moses Pelham eingedeutscht.

Wie auch immer man über dieses Video denken mag, Xavier Naidoo hat sich damit ein neues Publikum erobert, das weitab von Sinnbotschaften oder deutschsprachigem Gospel liegt. Doch der Anspruch dieser merkwürdigen Kooperation erschließt sich einem nur unter einer rein materiellen Komponente.

Dafür kehrte Xavier auf dem letzten Clip seines ersten Albums, dem für das Lied »Eigentlich gut«, zu der mit

Thomas Job konzipierten Anmutung zurück. Neben strengen, eher unterkühlten Aufnahmen werden erstmals auch knallige Farben eingesetzt. Und noch eine Novität liefert das Video: Anstatt mit der akribisch gescheitelten Kurzhaarfrisur der früheren Streifen präsentiert sich Xavier darin mit einem wuscheligen Pseudo-Afro, der ihm beinahe die Aura eines Alt-Hippies verleiht. Dazu kann man die beiden Rödelheim-Rapper Bruda Sven und Illmat!c in dem Clip bewundern, die Xavier bei jenem Stück wortgewaltig unter die Arme griffen.

Auf dem einzigen Video zum »Live«-Album ist die wilde Frisur bereits wieder verschwunden: Naidoo verdeckt seinen Kurzhaarschnitt unter einem hässlichen Pepita-Hut. Aufgenommen wurde der Clip zum Stück »Bis an die Sterne« anlässlich eines komplett ausverkauften Konzertes in Travemünde, optisch ist er genau so roh und spartanisch gehalten wie die Platte selbst: Xavier mit Schlapphut, Brille, Schlabberlook und fest umklammertem Mikro auf der Bühne, dazu gibt es Schwenks auf seine Band und ein enthusiastisches Publikum, das sich an seinen Wunderkerzen festzuklammern scheint.

Zu sehen sind alle sieben Clips auf der großartigen DVD »Nicht von dieser Welt«, die Ende 1999 auf den Markt kam, unmittelbar nach Erscheinen des »Live«-Meisterwerks. Neben den Videos gibt es bei den ersten drei Clips kurze Einblicke in die Entstehungsweise der Filme – sowie einen über neunzigminütigen Konzertmitschnitt vom Gig am 14.6.1999 im hessischen Baunatal.

Wer Xavier Naidoo noch nie live gesehen hat, für den sind diese Aufnahmen ein absoluter Augenschmaus.

Für das aktuelle Album »Alles für den Herrn/Zwischenspiel« hat sich Xavier, inzwischen in Eigenregie und mit eigenem Label, den jungen Regisseur Marcus Sternberg für den Clip zur ersten Single »Wo willst du hin?« an Land gezogen. Außerdem hat er sich eine kleine Star-Besetzung mithilfe der beiden professionellen Schauspieler Esther Schweins und Steffen Wink organisiert, die in dem wie gewohnt karg gehaltenen Video ein Paar mimen, das verzweifelt versucht, seine Liebe zu retten.

Der Clip wurde vom TV-Musikkanal VIVA am 30. 1. 2002 exklusiv in einer Weltpremiere ausgestrahlt. Wie immer bewies Xavier damit sowohl Geschäftssinn wie auch die Fähigkeit, Songs mit nachdenklicher Botschaft in stimmungsvoller Atmosphäre visuell umzusetzen.

20.
Wohin führen »Seine Wege«?
Ein Ausblick

»Wo willst Du hin«, fragt Xavier Naidoo im ersten Hit seines spektakulären Doppelpacks »Alles für den Herrn/ Zwischenspiel«. Für sich selbst hat er diese Frage längst beantwortet, und tatkräftig versucht er, seine Visionen Wirklichkeit werden zu lassen. Lassen wir mal beiseite, ob das Jüngste Gericht tatsächlich irgendwann in Mannheim tagt oder es Xavier schafft, die Schulden und sozialen Probleme seiner Vaterstadt aus der Welt zu schaffen. Ansonsten liegt der singende Multi-Unternehmer schon jetzt voll im Plan: Deutschsprachiger Soul ist nicht nur aus seinem Munde ein Kassenschlager, Popsongs mit religiösen Inhalten sind eine Selbstverständlichkeit geworden, und zumindest die Musikwelt blickt inzwischen mit Respekt auf seine heiß geliebte Quadratestadt.

Das Jahr 2002 wird nicht nur zeigen, ob er sich endgültig an der Spitze des deutschen Pop-Olymps etabliert hat, sondern eventuell auch den Beginn einer zweiten Karriere einläuten. Denn sein Debüt als Kinoschauspieler hat Xavier Naidoo inzwischen hinter sich: Unter den Fittichen des »Knockin' On Heaven's Door«-Dream-Teams Thomas Jahn (Regie) und Til Schweiger (Produktion) spielt er eine Nebenrolle in der sarkastischen Kriminalkomödie »Auf Herz und Nieren« – neben niemand Geringerem als Hollywood-Altstar Burt Reynolds. Offizieller Filmstart ist im Frühjahr 2002, eine Testvorstellung in Berlin-Friedrichshain verlief vielversprechend. »Am Anfang sagt einer in Reihe zehn: ›Scheiße, 'n deutscher Film.‹ Am Ende hat der Film die Lacher auf seiner Seite, nur zwei verlassen den Saal frühzeitig«, schreibt der *Tagesspiegel*. Die Zukunft seiner schauspielerischen Ambitionen sieht Xavier entspannt: »Da wird schon noch was passieren.« Anfragen gibt es jedenfalls. Wir werden sehen.

Noch interessanter ist, ob der Mannheimer Lokalpatriot es schafft, sich irgendwann international durchzusetzen. Seine ersten Erfahrungen in den USA haben ihn zwar eher desillusioniert, auch »weil ich als Deutscher Schwierigkeiten hatte, den Amerikanern aus dem Herzen zu singen. Ich kenne ja ihre Probleme nur von weitem«, wie Xavier selbst meint. Aber durch den Part im U2-Vorprogramm und vor allem die Kooperation mit Wu-Tang-Clan-Mastermind RZA hat er einen Fuß in der Tür. Schade, dass das Chaos nach den Terror-Anschlägen vom 11. September 2001, RZAs enger Terminplan und die Turbulenzen in Lauryn Hills Privatleben die Fertigstellung eines Duetts mit der früheren Fugees-Frontfrau bisher verhindert haben. Aber wie man hört, wurden mehrere weibliche US-Superstars stattdessen angefragt. Und vielleicht hören wir noch im Sommer 2002 mehr von diesen Plänen ...

Aber selbst eine mögliche Weltkarriere würde Xavier weder vom Glauben abbringen, noch aus Mannheim weglocken: »Nein, das könnte ich mir überhaupt nicht vorstellen! Hier sind meine Freunde, hier lebt meine Familie, hier ist meine Posse zu Hause. Ich bin extrem mit Mannheim verwurzelt. Was für einen Grund sollte ich haben, von hier wegzugehen? Selbst wenn meine Karriere international werden würde, denke ich: Das kann man auch von einer Stadt wie Mannheim aus in den Griff bekommen.«

Und auch die in seinen Augen unmittelbar bevorstehenden »letzten Tage« können ihn in seinem Unternehmungsdrang nicht bremsen: »Ich setze kein konkretes Datum dazu, wenn ich über dieses Thema spreche. Ich weiß nur, dass es in absehbarer Zeit zum Ende der Menschheit kommen wird – wenn das vielleicht auch ganz anders aussieht als der große böse und definitive Urknall. Vielleicht ist es ein Ende, bei dem sich den Menschen die Möglichkeit bietet, darüber nachzudenken, wie sie etwas an sich ändern, wie sie eine bessere Existenz führen können. Wenn das so ist, sehne ich dieses Ende herbei – je rascher, desto besser. Wenn nicht, bleibe ich weiterhin dem Prinzip Hoffnung treu. Ich bin eben ein unverbesserlicher Optimist.«

21.
Discographie

Alben	Titel	Erscheinungs-Datum	Charts-Spitzenpos.
Xavier Naidoo	Alles für den Herrn/ Zwischenspiel	25.03.02	
4 Your Soul	4 Your Soul	03.12.01	86.
Söhne Mannheims	Zion	27.11.00	4.
Xavier Naidoo	Live	02.11.99	9.
People	Highlights	01.09.98	-
Xavier Naidoo	Nicht von dieser Welt	02.06.98	1.
Human Pacific	Highlights	01.04.95	-
Xavier Naidoo	Kobra	1994	-

Singles	Titel	Erscheinungs-Datum	Charts-Spitzenpos.
Xavier Naidoo	Wo willst Du hin	18.02.02	4.
Aki & Naidoo	Über sieben Bücken musst Du gehen	20.08.01	40.
Brothers Keepers	Adriano (Letzte Warnung)	02.07.01	5.
Reamonn	Jeanny	25.06.01	18.
Rilke-Projekt	Lied (Du nur Du)	18.06.01	54.
Somersault	Way To Mars	11.06.01	30.
Söhne Mannheims	The Power Of The Sound	28.05.01	98.

Edo Zanki & Freunde	Gib mir Musik	26.02.01	44.
Söhne Mannheims	Dein Glück liegt mir am Herzen	05.02.01	55.
Söhne Mannheims	Geh davon aus	09.10.00	2.
Xavier Naidoo	Seine Straßen	27.06.00	15.
Söhne Mannheims	Wir haben Euch noch nichts getan (limitiert)	25.02.00	-
Xavier Naidoo	Bis an die Sterne	01.11.99	-
Xavier Naidoo	Eigentlich gut	20.07.99	32.
Xavier Naidoo	Sie sieht mich nicht	23.03.99	2.
Xavier Naidoo	Führ mich ans Licht	24.11.98	27.
Xavier Naidoo	Nicht von dieser Welt	04.08.98	19.
Xavier Naidoo	20 000 Meilen	21.04.98	32.
Sabrina Setlur & Xavier Naidoo	Freisein	24.11.97	23.
Xavier Naidoo	Ave Maria (USA)	1994	-

Nicht ausgekoppelte Features	Titel	Erscheinungs- datum
Brothers Keepers	Don't Give Up (Lightkultur)	03.12.01
Curse	Soulmusic (Von innen nach außen)	01.10.01
Sékou	Silver & Gold (D.I.A.S.P.O.R.A.)	28.05.01
Jan Delay	Flashgott (Searching For The Jan Soul Rebels)	09.04.01
Edo Zanki & Freunde	Etwas Ähnliches find ich nie wieder (Die ganze Zeit)	26.03.01
Rilke-Projekt	Die Dinge singen hör ich so gern ... Bis an alle Sterne)	05.03.01

Darüber hinaus ist Xavier Naidoo auf so ziemlich jedem bis Mitte 2000 veröffentlichtem Album und vielen Single-Auskopplungen seiner Ex-Plattenfirma 3p zu hören – das heißt also auf Platten vom Rödelheim-Hartreim-Projekt, Moses Pelham, Schwester S, Sabrina Setlur, Illmat!c und Bruda Sven.

DVD	Titel	Erscheinungs-datum
Xavier Naidoo	Nicht von dieser Welt	22.12.99

Internet	offiziell:	Fan-Seiten:
	www.xaviernaidoo.de	www.zion-144.de
	www.soehne-mannheims.de	www.mannheims-sohn.de
	www.3-p.de	
	www.brothers-keepers.de	
	www.rockgegenrechtegewalt.de	
	www.power-car-motodrom.de	
	www.harwearster.de	

Danksagung

Jörg-Peter Klotz dankt der Waldfee für Geduld und Inspiration, Stallenkandel für die Ruhe, mad, stp, se, pio und re aus meiner Redaktion für die freie Zeit (»smells like Teamspirit«), Olaf Ludwig, Georg Spindler, Merle Lotz, Thorsten Riehle, Michael Decker, Terence Träber, Reimond Dunschen, Horst Roth und dem *Mannheimer Morgen,* Bernd Gockel und dem *Rolling Stone*, Stefan Wagner, Rolf Stahlhofen, Georg Stein, Thomas, Bärbel und Steffi für Rat, Tat und Vorarbeit sowie Markus Proßwitz, Philipp Rothe, Thomas Tröster Wilhelm Meinberg, und Andrea Fabry für Bilder, die »nicht von dieser Welt« sind. Besonderer Dank geht an Xavier Naidoo und Michael Herberger, weil sie sich Zeit genommen haben, die sie eigentlich gar nicht hatten. Und Curse für einen magischen Moment, der auf den letzten Metern für die zweite Luft sorgte. Kein Dank an »This Is Football«, Thomas Mann und das Medium DVD.

Michael Fuchs-Gamböck dankt in erster Linie Xavier Naidoo – dafür, dass er sich jede Menge Zeit genommen hat und trotz Produktionsstress nicht nur zu mehreren Interviews bereit war, sondern darüber hinaus ein eigenes Kapitel zu diesem Buch beigesteuert hat. Respect, man! Und sonst? Sonst bleibt ihm nur mehr, seiner Frau Mama zu danken, die in den letzten Monaten beinahe täglich mit stoischer Geduld sein Gejammer von wegen »Manuskriptabgabe-Stress« erduldet hat, sowie seiner Prinzessin Sehnsucht für all die Liebe, all das Lachen, all das Leben, die sie ihm geschenkt hat und schenkt – weiter und weiter und weiter ...

Xavier Naidoo mit Autor Michael Fuchs-Gamböck am 21.12.2001 in Mannheim.

ALEX GARLAND

»Ein glänzender Thriller!
Garland jongliert so routiniert mit dem
Grauen, dass es einem den Atem nimmt.
Endlich wieder ein Buch, dass diesen
unglaublich suggestiven Sog entfaltet!«
Brigitte

44235

GOLDMANN

MARTIN CRUZ SMITH

Arkadi Renko reist nach Havanna: Sein alter Freund
Pribluda, ein KGB-Bürokrat, wurde offensichtlich
tot im Hafen der Stadt gefunden. Aber ist es überhaupt
Pribluda? Gemeinsam mit einer intelligenten,
alleingängerischen Polizistin beginnt Arkadi, die Fäden
des Falls zu entwirren...
»Arkadi Renko: Ein liebenswerter Einzelgänger...
unbeirrbar, verbissen, eben ein Held.«
Die Welt

Martin
Cruz Smith
Nacht
in Havanna

Roman

GOLDMANN

44988

GOLDMANN

HELEN FIELDING

»Hinreißend! Was für ein herrlicher,
unglaublich witziger Roman! Man wischt sich
die Lachtränen aus den Augen!«
The Sunday Times

44392

GOLDMANN